SPARKNOTES™

신논리학

New Organon

프랜시스 베이컨

다락원 | Spark Publishing

New Organon by Francis Bacon

SPARKNOTES 022

신논리학

펴낸이 정규도
펴낸곳 (주)다락원

초판 1쇄 인쇄 2009년 8월 21일
초판 1쇄 발행 2009년 8월 28일

책임편집 안창열
디자인 정현석
번역 윤한정
표지삽화 손창복

다락원 경기도 파주시 교하읍 문발리 509-1
내용문의: (031)955-7272(내선 400)
구입문의: (02)736-2031(내선 112~114)
Fax:(02)732-2037
출판등록 1977년 9월 16일 제300-1977-23호

Copyright ⓒ 2009, 다락원

값 7,000원

ISBN 978-89-5995-187-1 43740

http://www.darakwon.co.kr
일이관지(一以貫之) 논술팀이 제시한 실전 연습문제 답안작성
논술가이드는 www.darakwon.co.kr에서 무료 제공합니다.

세계의 교양을 읽는다

고전을 왜 읽는가?

인간의 삶과 세상에 대한 영원한 물음이 있기 때문이다. 시대와 사상을 뛰어넘어 지금 여기 우리에게 필요한 물음이 없는 고전은 더 이상 고전이 아니다. 인간과 삶에 대한 근원적인 물음 없이 고전을 읽는다면 자신과 인간에 대한 성찰과 지혜로 이어지지 않는다. 논술 시험 때문에, 과제물 때문에, 아니면 남들이 읽으니까, 나도 읽는다는 식이라면 그 책은 죽은 책일 수밖에 없다.

고전을 살아 있는 책으로 만드는 이 '물음!'에 답하기 위해서는 좋은 길잡이가 필요하다. 오랜 기간 동안 미국의 고교생과 대학 주니어들이 시험, 에세이 작성, 심층토론 준비를 위해 바이블처럼 애용해온 'SPARKNOTES'와 'CliffsNotes'는 바로 그런 좋은 길잡이의 표본이다. 이 두 시리즈가 원조 논술연구모임인 '일이관지(一以貫之)' 팀의 촌철살인적 해설을 곁들여 논술로 고민중인 대한민국 학생 여러분을 찾아간다.

SPARKNOTES와 CliffsNotes의 가장 큰 장점은 방대하고 난해한 고전을 Chapter별로 요약하고 분석해서 원전의 내용에 보다 쉽고 체계적으로 접근하는 신속·간편성이라고 할 수 있다. 여기에 '一以貫之' 팀이 원전의 중요한 문제의식, 즉 근원적 '물음'은 무엇이며, 그 '물음'은 오늘날에도 여전히 유효한가, 라는 질문을 다시 던진다.

대입논술로 고민하고, 자칭 타칭의 고전이 넘쳐나는 오늘의 독서풍토에서 지적 정복이 긴박한 대한민국 학생들에게 감히 이 시리즈를 자신있게 권한다.

一以貫之 논술연구모임 연구실장 이호곤

차례

이 책의 구성

SPARKNOTES와 CliffsNotes는 방대하고 난해한 원작을 보다 쉽게 이해할 수 있도록 돕는 안내서입니다. 여기에는 원작 이해를 돕기 위해 매 장마다 '요점 정리(또는 줄거리)'와 '풀어보기'가 실려 있습니다. '요점 정리(또는 줄거리)'에는 원저의 내용을 일목요연하게 정리해 놓아 저자가 전달하려는 내용을 어렵지 않게 파악할 수 있습니다. '풀어보기'에서는 철학서의 경우, 원저에 담긴 저자의 사상이나 관련 철학, 시대 상황, 논점 등을, 문학 작품인 경우에는 원작에 담긴 문학적 경향, 등장인물의 심리상태, 주제 등을 설명해 놓았습니다. 분석적이고 비판적인 글읽기의 바탕이 되는 요소들이죠. 비소설이나 소설을 막론하고 분석적이고 비판적인 글읽기는 독자에게 꼭 필요한 자질입니다.

그밖에도 원저를 좀더 깊이 복습해서 제대로 소화할 수 있도록 돕기 위해 'Study Questions'와 'Review Quiz' 등을 마련해 놓았습니다.

* 〈 〉는 철학서, 장편소설, 중편소설, 수필집, 시집. " "는 단편소설, 논문
* 작품명은 독자의 이해를 돕기 위해 예외적인 경우를 제외하고는 영어식으로 표기함.

○ 일이관지(一以貫之) 논술노트

권말에는 일이관지 논술팀에서 작성한 논술노트가 실려 있습니다. 원저를 우리의 삶과 연계시켜 비판적 사고와 논리적 글쓰기의 방향을 제시합니다.

○ 실전 연습문제

논술예제와 기출문제를 통해서는 원작을 바탕으로 출제 가능성이 높은 논점을 함께 숙고해 봅니다.

간추린 명저 노트

프랜시스 베이컨 Francis Bacon의 전기 작가들이 부닥치게 되는 곤란한 문제들 가운데 하나는 그의 정치적 이력과 철학적 이력을 어떻게 하면 잘 조화시키느냐 하는 점이다. 지성은 뛰어났으되 도덕적 결함이 많았던 그는 노련하고 정치적 수완이 탁월해 승승장구하다가 종래에는 부정부패로 인해 권력층에서 쫓겨난 정치인이자 진지하고 철학적이며 과학적인 작가이기도 했다. 초기에 그의 전기를 쓴 많은 작가들은 그의 도덕적인 과오들을 시시콜콜 파고들거나 그의 학문적인 삶과 정치적인 삶을 철저히 분리시키는 데 치중했으나 서로 모순적으로 보이는 베이컨의 두 삶이 늘 연관되었기 때문에 진실은 그리 간단하지가 않았다.

베이컨은 엘리자베스 1세의 국새상서(國璽尙書)이던 니콜라스 베이컨 경의 5남이자 막내아들로 1561년 런던에서 태어났다. 그의 일가에는 엘리자베스 시대의 상류층에 속한 권세가들이 많았다. 그는 열두 살 때 형인 앤터니와 함께 캠브리지 대학교의 트리니티 칼리지에 들어갔으며, 그곳에서 엘리자베스 1세를 처음 만났다. 그의 지적 조숙함에 감명을 받은 여왕은 그를 '어린 국새상서'라고 부르곤 했다. 베이컨이 아리스토텔레스 철학이 비생산적이고 아무런 해결책도 없는 논쟁만 일으킬 뿐이라고 생각하게 된 것도 이 시기였다. 그는 1576년에 그레이스인 법학원*에 입학했고, 그해부터 애미어스 풀레가 대사로 있던 파리 주재 영국 대사관에 합류하여 1579년까지 근무했다. 1579년에는 아버지가 유산 상속 문제를 제대로 정리하지 않은 채 세상을 떠나면서 무일푼이 되자 작위가 없는 가난한 귀족에게 남은 거의 유일한 기회를 잡아보기 위해 법관이 되기로 결심했다. 1580년, 1584년, 1586년, 1589년에는 하원의원이 되었으며, 이후 10년 동안 끊임없이 후원자와 일자리를 찾아다녔다. 1591년에 만난 에식스 백작은 베이컨에게 물심양면으로 많은 도움을 주었고, 1595년에는 공석이던 법무차관에 앉히려고 했으나 실패했다. 1601년에 여왕의 총애를 잃은 에식스가 역모를 꾀하자 목숨의 위협을 느낀 베이컨은 에식스의 처리에 골치를 썩이던 엘리자베스 1세의 환심을 사기 위해 관할 사건이 아니었는데도 그의 처형에 앞장서 목숨을 건졌으며, 1603년에는 제임스 1세**에 의해 기사 작위를 받았고, 1616년에는 추밀원고문이 되었다.

제임스 왕이 총애하던 버킹엄 공작을 후견인으로 두

---

* **그레이스 인 법학원**(Gray's Inn): Middle Temple, Inner Temple, Lincoln's Inn과 함께 영국 런던에 위치한 네 곳의 법학원 가운데 하나.

** **제임스 1세**(James Ⅰ, 1566-1672): 스코틀랜드 국왕(제임스 6세로서 1567년부터)이자 잉글랜드와 아일랜드의 국왕(1603년부터). 최초로 대영제국 국왕(King of Great Britain)이란 칭호를 사용한 학자군주.

게 된 베이컨은 법무차관과 법무장관을 거쳐 1618년에 국새상서로 임명되었고, 1621년에는 세인트 올번스 자작으로 봉해졌지만 그해 말 수뢰혐의로 하원의 탄핵을 받게 되었다. 증거가 너무도 명백한 나머지 변명의 여지가 없던 베이컨은 혐의를 모두 시인하고 공직에서 물러났으며, 시골로 내려가 은둔생활을 하면서 학문 연구와 집필에 전념하다가 1626년에 세상을 떠났다. 일설에 의하면, 냉장보관의 효과를 연구하기 위해 닭의 뱃속에 눈을 채워 넣다가 감기에 걸려서 죽었다고 한다.

　　베이컨의 대표적 저서들 가운데 다수는 공직에 재직할 때 출간되었지만, 그가 가장 왕성하게 글을 쓰던 시기는 관직에서 쫓겨난 이후였다. 〈수상록 Essays〉은 1597년에 출간되었고, 1612년과 1625년에 증보판이 나왔다. 제임스 왕에게 헌정하여 호의를 얻으려고 발간했던 〈학문의 진보 Advancement of Learning〉(1605년)는 라틴어로 증보 번역되어 1623년에 〈학문의 진보와 존엄 De Dignitate et Augmentis Scientiarum〉이란 제목으로 출간되었다. 그밖에 〈고대인들의 지혜 Wisdom of the Ancients〉는 1609년, 〈신논리학 The New Organon〉* 초간본은 1620년, 그리고 〈헨

---

* 〈신논리학〉: 라틴어 제목은 *Novum Organum*, 'Organum[Organon]'은 영어의 'organ'에 해당하며 '기관(機關)'으로 번역되는데, 아리스토텔레스가 자신의 논리학이 지식의 생산기관이 될 수 있다는 의미에서 사용한 말이다. Novum Organum에는 아리

리 7세의 치세역사 *History of Henry VII*〉는 왕의 총애를 되찾기 위한 노력이 실패로 돌아간 뒤인 1622년에 출판되었다. 베이컨의 수행목사였던 윌리엄 롤리는 베이컨의 사후에 많은 유고를 출판했다.

스토텔레스의 논리학 저서를 총칭하는 *Organum*을 새로운 기관으로 대체하겠다는 의도가 담겨 있다. 우리나라에서는 〈신논리학〉 또는 〈신기관〉으로 출간되고 있다.

베이컨 철학의 가장 직접적인 배경은 당대에도 여전히 지적 세계를 거의 독점적으로 지배하고 있던 아리스토텔레스 철학이다. 아리스토텔레스는 〈자연학 *Physics*〉에서 원인들과 형상과 물질이 이루는 복잡한 체계의 역할을 강조했으며, 자연 세계의 실험적인 그림보다는 이론적인 그림을 보여주었다. 통틀어 스콜라주의자*라고 알려진 중세의 아리스토텔레스 철학자들은 아리스토텔레스의 체계를 해석하고 새롭게 하려는 욕구를 지닌 사람들이었다. 그러나 대학교들에서조차 아리스토텔레스에 관한 절대적인 합의는 분명히 존재하지 않았다. 베이컨이 캠브리지 대학교에 다니던 시절에도 페트뤼 라뮈**가 아리스토텔레스의 논리학을 공격한 일을 놓고 격론이 벌어졌다. 근래의 학문이 '아리스토텔레스적'이란 명칭을 붙일 수 있는 다양한 의견들을 강조하는 반면, 당시의 학문은 지식의 모든 분야가 아리스토텔레스가 가르친 보편적이고 절대적인 진리를 철저히 지켜

---

* **스콜라주의자**(scholastic): 중세 때 기독교 신학을 합리화하기 위해 신의 존재 증명·기독교 교리 등을 그리스의 철학적 방법에 따라 연구한 철학자.

** **페트뤼 라뮈**(Petrus Ramus, 1515-72): 프랑스 인문주의자, 논리학자, 교육개혁가. 스콜라주의적 아리스토텔레스주의에 반발하여 교육에 질서와 단순성을 부여하려고 했다.

야 한다고 강요했다.

베이컨이 아리스토텔레스에게 반기를 든 최초의 사상가라고 할 수는 없지만, 그의 반발을 이해하려면 먼저 아리스토텔레스가 근대 초기의 지적 삶에 얼마만큼 중요한 의미가 있었는지를 알아야 한다. 아리스토텔레스의 철학 체계에 대한 베이컨의 비판은 가혹하고도 급진적이었는데, 〈신논리학〉의 주요 목표는 보편적 진리라고 여겼던 아리스토텔레스의 철학적인 틀을 깨고 그 자리에 진리는 발견되어야 한다는 관념을 세우는 것이었다.

베이컨과 당시의 실험적인 철학의 관련성도 알아야 한다. 〈신논리학〉에 나오는 논평이나 그의 편지들을 보면, 그가 순수하게 '경험적' 철학은 비판하면서도 과학적인 발전과 발견들에 대해서는 깊은 관심을 가졌다는 사실을 알 수 있다. 갈릴레오 갈릴레이*의 조수(潮水) 이론, 윌리엄 길버트의 자기(磁氣) 개념, 그리고 신발명품인 망원경에 관한 논의는 베이컨이 시대의 흐름을 놓치지 않았던 철학자였음을 증명하며, 직접 실행한 여러 실험 가운데 일부는 그의 죽음을 재촉한 닭고기의 냉장보관 실험보다는 성공적이었다. 베이컨에 관한 근대적인 견해는 그의 저술에 드러난 과

---

* **갈릴레오 갈릴레이**(Galileo Galilei. 1564-1642): 이탈리아 물리학자, 천문학자, 수학자. 프톨레마이오스의 천동설로는 설명되지 않는 우주의 질서를 발견하고 금기시되던 코페르니쿠스의 지동설을 받아들임. 주요 저서는 〈두 개의 세계 체계에 대한 대화〉 등.

학적 실천의 역할 및 그와 당시 실험과학자들의 유대를 강조한다.

〈신논리학〉은 출간 직후 다양한 평가를 받았는데, 제임스 1세가 한 마디도 이해하지 못하겠다고 말했다는 유명한 일화가 있다. 윌리엄 하비*는 베이컨이 마치 '대법관'처럼, 다시 말해 조작적이고 정치적인 방식으로 철학을 집필한다고 비난했으며, 존 챔벌린**도 '그런 책은 바보라면 쓰지 못했을 것이고 현자라면 쓰지 않았을 것'이라는 판단에 동조했다. 당시 런던에 막 설립된 왕립학회 소속 과학자들과 자연철학자들은 베이컨의 새로운 방법을 호의적으로 수용하면서 그를 일종의 철학적 수호성인으로 받들었으며, 로버트 후크*** 같은 인물은 자기들의 탐구를 베이컨이 제시한 방법에 맞추려고 했다.

후기 베이컨의 영향력에 대해서는 논란의 여지가 많다. 근대적인 '과학적 방법'이 베이컨의 귀납적 방법과 아무런 유사성이 없는 것은 분명하다. 이 같은 근거에서 베이컨의

---

* **윌리엄 하비**(William Harvey, 1578-1657): 영국 의학자, 생리학자. 인체의 구조와 기능, 특히 심장과 혈관의 생리를 연구해서 심장 박동에 의해 혈액이 순환된다고 주장했다. 주요 저서는 〈동물의 심장과 혈액의 운동에 관한 해부학적 연구〉 등.

** **존 챔벌린**(John Chamberlain, 1553-1627): 영국의 편지 작가. 당시 지식인 사회의 모습을 알려주는 수많은 편지를 남김.

*** **로버트 후크**(Robert Hooke, 1635-1703): 영국 물리학자, 자연철학자, 박물학자. 뉴턴보다 먼저 만유인력 이론을 내세웠고, 세포의 구조를 발견하는 등, 다양한 업적을 남겼으나 뉴턴의 그늘에 가려 상대적으로 이름이 알려지지 않았다. 주요 저서는 〈미크로그라피아〉.

계획은 실패했다고 평가될 수 있으나 비록 근대에는 귀납적 방법을 사용하는 과학자가 없다고 하더라도 그는 여전히 근대 과학에 커다란 영향력을 미친 인물로 인정받고 있다. 그의 철학적 명성은 17세기와 18세기에 절정에 이르렀으나 그 이후로는 줄곧 내리막길을 걸었다. 후세의 많은 역사가들은 베이컨이 아리스토텔레스를 비판하고 실험과 실천을 강조한 일이 근대적인 과학적 방법의 발전 과정에서 중요한 단계들이라고 의견을 같이하면서도 동시에 귀납의 개념은 시대에 뒤졌으며 근대 과학의 발전 과정에서 하나의 잘못된 단계를 나타낸다고 주장한다. 최근의 베이컨 연구는 도덕적 평가보다는 역사적 · 이론적인 부분들을 강조하고 있다. 베이컨에 대해 정통한 대다수 역사가들은 베이컨의 방법이 세월의 시련을 이겨내지 못했다거나 '도덕적인 결함들' 때문에 그를 비판하는 것은 잘못이란 견해를 보인다. 이제 베이컨의 철학 연구를 통해 그의 정치적 타락을 상쇄하고자 했던 19세기의 집착은 사라졌으나 이 같은 상황 전개를 베이컨이 반가워할지는 미지수다.

베이컨은 훨씬 방대한 저술로 구상했던 〈대혁신 *Great Instauration*〉의 2부에 해당하는 〈신논리학〉에서 자연을 해석하고 탐구하기 위한 새로운 방법을 제시하고자 한다. 자연을 탐구하기 위해서는 정신과 지성을 더욱 잘 이용해야 하며, 그 방법으로 제시한 것이 귀납법에 근거한 전혀 새로운 논리학 체계였다. 귀납법은 삼단논법과 달리 자연의 사실들로부터 시작해서 여러 가지 비교일람표들을 작성함으로써 서서히 일반적인 공리나 명제를 이끌어내는 논증 방법이며, 그 과정에서 감각을 보강하기 위해 실험이 이용되기도 한다.

대개 사람들의 정신에는 자연을 제대로 이해하지 못하게 만드는 어리석고 부정확한 개념들이 가득 차 있다. 베이컨은 그 개념들을 우상이라고 부르고 사람들의 정신에서 뿌리째 뽑아내려고 했다. 그 우상들의 근원은 인간의 본성, 인간 상호간의 교류, 그리고 다양한 철학자들, 특히 아리스토텔레스의 작품들이었다.

제1권 '(우상) 파괴편'은 당시의 철학과 과학적 방법에 대한 베이컨 신랄한 반박으로 구성되어 있는데, 삼단논법적인 방법을 비롯해서 사람들이 합리적인 방식으로 자연을 탐구하지 못하도록 훼방하는 다양한 우상들을 논박한다. 자연에 대한 인간의 지식이 그토록 느리게 진전된 주요 이유는 바로 자연철학에 대한 관심 부족과 고대 저자들에 대한 지나친 존경심이라는 것.

제2권 '(진리) 건설편'에서는 우상에서 해방된 인간의 지성이 걸어야 할 길, 즉 여러 가지 예를 통해 '참된 귀납법'을 상세히 설명하는데, 먼저 자연에서 마주치는 탐구해야 할 다양한 사례들의 일람표부터 작성한다. 이런 절차를 통해 귀납법을 다루기 전에 지성에게 유관 사례들부터 제시하는 것이다. 귀납법이란 긍정적 명제에 이를 때까지 다양한 가능성을 배제하는 방법이다. 다음 단계는 특권적 사례들을 고려하는 단계인데, 정보나 실천에 의해 그 과정을 보조한다.

마지막 부분에서는 어떤 자연 해석이 가능하기 이전에 베이컨이 본질적인 것이라고 주장하는 종류의 자연지(自然誌)를 대략적으로 요약한다. 신논리학의 방법은 자연 세계에 대한 방대한 양의 정보가 수집되어야 비로소 실행할 수 있다.

● **아리스토텔레스** Aristotle(384-322 B.C.) ｜ 윤리학에서부터 정치학, 자연지에 이르기까지 거의 모든 주제에 관해 방대한 저작들을 남겼으며, 중세 이후까지도 서양 사상을 지배한 고대 그리스 철학자. 중세의 아리스토텔레스 철학자들은 스콜라 철학자라고 알려져 있다. 후대의 수많은 과학자와 철학자는 근본적으로 아리스토텔레스식으로 작업했다. 아리스토텔레스의 방법론과 핵심 전제들을 공격함으로써 그의 독재를 끝장내려고 했던 베이컨은 이러한 독재적 지배가 그의 철학이 지닌 장점들보다는 편견이나 다른 사람들의 권위로부터 비롯된 것이라고 주장한다. 베이컨은 최초로 아리스토텔레스에게 반기를 든 철학자는 아니었지만, 유독 신랄했던 비판자에 속한다.

● **공리**(公理) axiom ｜ 진리라고 받아들여질 수 있는 어구나 진술들. 베이컨의 방법은 일련의 중간 수준의 공리를 거쳐 감각적인 경험과 실험들로부터 일반적인 공리를 이끌어내고자 한다.

● **윌리엄 길버트** William Gilbert(1540-1603) ｜ 엘리자베

스 1세와 제임스 1세의 전의(典醫)이자 전기와 자기(磁器)를 연구한 물리학자. 〈자기 *De Magnete*〉(1600년)에서는 세상을 북극과 남극이 있는 거대한 자석이라고 주장했다. 베이컨은 이 책이 충분하지 않은 실험들에 초점을 맞추었고, 정신이 근거도 없이 일반적인 이론들을 세우도록 고무하는 경험주의적 철학 양식을 보여주는 사례라고 비판한다. '전기 electricity'라는 말을 최초로 사용했으며 전기공학(또는 전기)의 아버지로 불린다. 극장의 우상 참고.

● **대혁신** The Great Instauration[Renewal] | 〈신논리학〉을 포함하는 방대한 계획. 6부작으로 구상된 〈대혁신〉은 학문의 논리적 토대들을 다시 세우고, 과학적 진보를 막는 어리석은 생각들을 허물어뜨리며, 학문의 새로운 방법론(귀납법)을 제시하여 궁극적으로는 인류를 극도로 이롭게 하려는 계획이었다. 〈신논리학〉은 구상의 전체 의도를 개관하면서 시작하는데, 미완성 상태로 남는다.

● **동굴의 우상** idols of the cave | 개인 고유의 기호와 편견들에서 비롯되는 두 번째 유형의 '우상'. 개인이 받은 교육, 읽은 책, 존경하는 사람의 권위 등이 모두 자연을 인식하는 태도를 왜곡시킨다. 그 결과, 인간의 정신이 각자의 기질에 따라 변덕이 심하고 우연에 좌우된다.

● **시장의 우상** idols of the marketplace | 주로 인간 상호 간의 교류와 접촉에서 생기는 세 번째 유형의 '우상들'. 인간은 일반인들의 이해 수준에 맞춰진 언어로 의사소통을 하는데, 잘못된 언어는 지성에 폭력을 가하고 공허한 논쟁이나 많은 오류를 범하게 한다.

● **극장의 우상** idols of the theater | 다양한 철학과 그릇된 증명 방법 때문에 생기는 네 번째 유형의 '우상'. 베이컨은 철학이라고 해서 무대에서 상연되는 연극보다 나은 것은 아니라며, 그 같은 엉터리 철학으로 궤변적인 철학, 경험적인 철학, 미신적인 철학을 꼽는다. 궤변적인 철학을 대표하는 인물은 자연의 현상들보다는 교묘하지만 어리석은 논증에 치중했던 아리스토텔레스이다. 연금술사들과 윌리엄 길버트가 실천한 경험적인 철학은 좁은 범위의 실험에 집중하고 그 외의 모든 것을 배제한다. 미신적인 철학은 미신과 거짓 종교에 의한 철학의 타락으로 가장 나쁜 형식의 오류다.

● **종족의 우상** idols of the tribe | 인간성 자체, 인간이란 종족 자체에 뿌리박고 있는 첫 번째 유형의 '우상들'. 우주가 아니라 인간 자신을 준거로 삼기 쉬운 감각적 지각의 오류에서 비롯되며 누구에게나 일반적인데, 명료하게 추론하

려면 반드시 극복해야 한다.

● **귀납법** induction | 베이컨이 아리스토텔레스의 삼단논법을 대체하기 위한 방안으로 제시하는 논리적인 방법. 본질적으로 귀납법은 자연에 있는 그대로의 사물로부터 시작해서 길고 다양한 중간 단계들을 거쳐 그 사물에 대한 일반 공리들을 세우려고 한다. 베이컨은 〈신논리학〉 제1권에서 탐구대상인 사물들에 대한 정보 수집에서 시작하여 초기의 인상을 공식화한 다음에 특권적인 사례들을 이용하는 이 과정의 여러 단계를 자세하게 설명한다. 삼단논법 참고.

● **〈신논리학〉** *The New Organon* | 논리학에 관한 아리스토텔레스의 견해를 자세히 설명하고, 그것이 근대의 과학적 탐구에는 쓸모가 없다면서 새로운 논리적 방법을 제시함으로써 아리스토텔레스의 연역논리학을 대체하거나 개선하려고 한다. 베이컨이 이 저서를 '합리적 사유를 위한 도구'로 간주하는 까닭은 그의 논리학이 꼼꼼하게 정의된 과정을 상세하게 설명해 놓아 과학적 탐구자라면 누구나 따를 수 있고, 탐구자가 이 틀에서 크게 벗어나지 않아도 되기 때문이다. 본질상 자연 세계에 관해 생각하는 기계.

● **삼단논법** syllogism | 아리스토텔레스의 논리학이란 건

물을 짓는 데 필수적인 벽돌. 두 가지 인정된 전제로부터 세 번째 항인 결론을 이끌어낸다. 예를 들어보자.

A. 소크라테스는 사람이다.
B. 사람은 누구나 죽는다.
C. 소크라테스는 죽는다.

A항과 B항을 수긍한다면 C항도 반드시 참이라야 한다. 삼단논법은 본질적으로 절대적 참이라고 인정되는 특정한 사실들을 토대로 한다. 베이컨은 삼단논법이 과학적 탐구에는 쓸모가 없는데, 무엇보다도 제대로 정의되지 않거나 너무 추상적인 낱말들에 의존한다는 점이 가장 큰 문제라고 지적한다. 게다가 삼단논법의 바탕이 되는 본질적인 진리들에 대해서도 의문을 제기한다. 또한 삼단논법은 과학의 실천과 능동적인 부분과도 괴리되어 있기 때문에 귀납법이 훨씬 나은 방법이라는 것.

● **특권적 사례** privileged instances ┃ 다른 사례에 비해 이론적·실용적으로 가치가 큰 사례. 어떤 본성을 매우 정확하고 분명하게 드러내며, 과학자가 차이와 유사성의 일람표들을 작성하고 '첫 수확'을 거두거나 해석하는 기초 작업을 마치고 나면 그 본성의 특징을 재빨리 파악할 수 있게 해준

다. 본질적으로는 탐구가 결론을 향해 나아가도록 인도한다. 베이컨은 27가지 사례를 제시하고, 그들 속에서 실험과 관찰이 갖는 역할을 강조한다. 예를 들면, 어떤 본성에 관한 정보를 수집한 후에 14번째 특권적 사례—결정적 사례 또는 '이정표 사례'—는 탐구자가 비슷한 여러 개의 본성 가운데 어느 것이 탐구대상인 본성의 원인인지를 결정하는 데 도움을 준다. 귀납법 참고.

주요 주제, 관념 및 논지

대혁신

　　〈신논리학〉은 자연 탐구의 방식을 철저히 분석하고 혁신하려는 베이컨의 지적 야망을 보여주는 실제적·이론적인 계획인 소위 "대혁신(Instauratio Magna)"의 일부다. 6부로 구성되어 있는 이 구상의 1부는 이미 발견된 지식과 발견되지 않은 지식을 정리한 다음, 향후의 해결 과제를 제시한다. 2부는 바로 〈신논리학〉인데, 자연 탐구를 위해 따라야 할 새로운 방법론(귀납법)을 제시하고, 정신자세를 갖추도록 만들기 위한 것이다. 3부는 2부의 귀납법을 적용할 기술과 실험 자료를 수집하고 기록한 자연지와 실험지. 4부는 베이컨의 방법이 낳을 탐구의 종류를 보여주는 사례들. 5부는 베이컨이 이룬 특정의 실천적 발견들, 즉 완성된 이론의 '자본금' 총액이 알려지기 이전에 일종의 이자배당금 역할을 하는 사례들. 6부는 완전하게 해명된 참된 철학이다. 베이컨은 이처럼 방대한 과제, 특히 마지막 부분은 혼자 해낼 수 없다고 생각했기 때문에 왕실에 지원을 요구했으나 거부당했다. 그러나 대혁신은 (지식철학인) 인식론뿐만 아니라 실천도 혁신하고, 우리가 자연 속에 있는 진리를 생각하는 방식과 그 같은 진리를 찾아내려고 하는 방식을 바꿀 것이다.

귀납법

　논리학의 한 방법이자 새로운 진리 탐구의 방식. 베이컨은 직접 창안했다고 주장하기보다 이전 세기까지는 무시되었다는 점을 강조한다. 아리스토텔레스 이후 지배적인 논리학 형태였던 삼단논법과 달리 개별적인 자연 현상들로부터 출발하여 저차원의 공리, 중간 수준의 공리, 고차원의 공리를 거쳐 일반적인 공리나 진술에 도달한다. 베이컨의 귀납적 방법은 의미가 모호할 수 있는 낱말보다는 개별적인 사물과 자연에서 출발하기 때문에 삼단논법을 개선하는 것이며, 이미 품고 있는 인상을 확인하는 데 쓰이는 일반적인 진술을 당장 산출하려고 하지 않는다.

　귀납법은 실험을 통해 가설(또는 추정)을 검증하는 근대의 '과학적' 방법과는 매우 다르지만, 과학적 방법의 중요한 발전을 의미한다. 베이컨이 자신의 연구를 반드시 '학문'이라기보다는 자연철학으로 생각했다는 사실도 명심해야 한다. 귀납법을 근대적인 방법들의 열등한 형식으로만 간주하는 것은 잘못이지만, 일부 학자들은 몇 가지 근거를 내세워 베이컨의 방법을 비판해 왔다. 가령, 미국의 과학철학자 메리 헤세(Mary Hesse. 1924-)는 베이컨이 과학에서 가설이 차지하는 중요성을 과소평가했으며, 그의 방법은 유한한 본성을 지닌 유한한 수의 사물을 탐구대상으로 삼는 점이 문제라고 주장한다. 귀납법을 적용하려면 자연에 대한 완전한 지식이 필수적이라는 그의 가정에 대해서도 반론이 생길 수 있다. 오늘날의 과학자와 철학자들은 절대적인 지식의 가능성에 대해 훨씬 더 확신하지 못하고 있다.

아리스토텔레스에 대한 비판

중세와 근대 초기의 지적인 삶에서 아리스토텔레스가 차지하는 중요성은 아무리 강조해도 지나치지 않다. 광범위한 분야를 다룬 그의 저서들은 대학교 교과과정의 주축을 이루었고, 수많은 저자들이 그의 이론을 통해 자연철학에 접근했다. 그런데 그 같은 독재적 지배를 끝장내려고 했던 베이컨은 아리스토텔레스를 근본적으로 생각이 잘못된 사람으로 간주했고, 그의 이론들을 논리적 토대부터 따져가면서 비판했다. 그의 '변증법'과 구별은 쓸데없이 자연을 이해하기 어렵게 만들었고, 그의 용어들은 진리를 발견하기보다는 복잡하고 미묘한 방식으로 하나의 입장을 옹호하는 쪽에 더 치중했다는 것. 베이컨은 자신의 인식론에서 아리스토텔레스의 삼단논법을 귀납법으로 대체했고, 아리스토텔레스의 연구를 합리적 탐구를 방해하는 극장의 우상의 한 예로 인용했다. 파라켈수스*, 라뮈,

---

* **파라켈수스**(Paracelsus, 1493-1541): 스위스 의학자, 화학자. 연금술에 커다란 관심을 가졌으며, 수은·납·구리 등의 금속화합물을 처음으로 의약품에 채용했다.

베르나르디노 텔레시오*, 갈릴레오 등도 다양한 근거를 내세워 아리스토텔레스에게 반대했다.

실험법

〈신논리학〉의 핵심을 이루는 실험은 자연을 탐구하고, 미지의 상황에서 사물들이 어떻게 작용하는지를 보여주는 데 이용된다. 이 부분이 일반적으로 실험(또는 생각실험**)을 통해 이전에 인정된 이론을 확인하는 데 그친 초기의 과학적 사상가들과 베이컨이 다른 점이다. 베이컨에 의하면, 이론이란 실천적인 실험과 자연의 경험을 통해서만 얻을 수 있다. 〈신논리학〉 제2권은 베이컨과 그의 조수들이 실행한 여러 가지 실험을 자세히 다루고, 현미경 같은 과학기구들의 용도를 서술한다. 영국 역사가 리사 자딘(Lisa Jardine, 1944-)은 베이컨을 윌리엄 길버트나 윌리엄 하비 같은 실험과학자들과 연관시키고, 로버트 보일***과 로버트 후크 같은 과학자들의 선구자로 간주한다.

---

* **베르나르디노 텔레시오**(Bernardino Telesio, 1509-88): 이탈리아 철학자. 스콜라 철학의 제약을 벗어나기 위해 대학을 떠나 독자적으로 연구했으며, 자연 속에 자연의 힘 이외의 것을 인정하지 않고 자연을 자연의 법칙만으로 설명하려고 했다.

** **생각실험**(thought-experiment): 넓게 말해, 구체적인 사물들이 실제로 존재하는 방식을 이해하기 위해 상상 속에서 실험해 보는 방법.

*** **로버트 보일**(Robert Boyle, 1627-91): 영국 화학자, 물리학자. 화학에 실험적 방법과 입자 철학을 도입해 근대 화학의 첫 단계를 구축했다. '보일의 법칙' 발표. 주요 저서는 〈회의적 화학자〉 등.

Book별
정리
노트

The Great Renewal
대혁신

:요점정리

전체적인 "대혁신"의 목표는 정신과 자연의 관계를 되살리는 것이다. 해묵은 오류들은 바로잡아야 하는 법이다. 올바른 바탕에서부터 출발하여 학문을 전반적으로 혁신해야 한다. 베이컨은 학문 혁신 계획을 서둘러 발표하게 된 배경과 그 계획이 지닌 위대한 가치를 설명한다.

제임스 1세에게 바친 헌사에서는 제임스 왕의 치세를 학문의 혁신과 연관시킨다. 제임스 왕이 베이컨 식 모형에 따라 자연적이고 실험적인 역사의 수립을 도와 철학과 학문이 마침내 확고한 토대를 가질 수 있도록 해주기를 바란다는 것.

베이컨은 "대혁신"의 서문에서 인간은 그들이 가진 자원에 대해서는 과장하면서 그들의 힘은 과소평가한다고 말한다. 우리는 고대의 학문, 특히 고대 그리스의 학문에 대한 강한 애착으로부터 벗어나야 한다. 학문은 알맹이 없는 논란에 발목이 잡히고 결과는 미약하다. 학문이 대중에게 영합한다는 것은 위대한 천재들도 종종 어쩔 수 없이 다중(多衆)의 판단에 굴복한다는 의미가 된다. 전통적인 학문은 성과는 없고 질문만 넘치며, 발전은 더디지만 전체는 완벽하다고 주장한다. 혼자 힘으로 배움을 시작해서 자신의 한계를 넓히려는 사람들조차 용인된 견해를 감히 버리려 하지 않고, 거의 기계공이 될 정도로 경험에 전념하는 사람들은 방법론이나 확정된 규칙이 없기 때문에 여전히 경험 자체에 대한 탐구에만 매달리는 실정이지만, 논리학은 새로운 지식을 얻는 데 전혀 도움이 되지 못하고 있다.

우리가 자연의 복잡한 숲을 헤치고 나가도록 이끌어 줄 확실한 방법이 필요하다. 자연을 제대로 탐구할 수 있으려면 정신과 지성을 좀더 완전하게 잘 이용해야 한다. 베이컨은 자신의 방법은 사물들 자체를 평가하기 때문에 겸손을 강조한다고 주장한다. 그가 자신의 방법을 귀하게 평가하는 이유는 고대의 저자들을 인용하거나 반박하기 때문이 아니라 경험의 능력과 이성의 능력을 결합시켰다고 믿기 때문이다. 더불어 인간이 자연의 본성에 대해 많이 알게된다고 해서 신으로부터 멀어지거나 정신 속에 무신론과 교만이 생기지 않기를 기원한다. 신은 인간에게 자연 탐구를 금하지 않지만, 그 지식은 인간의 실생활 개선에 도움을 줄 수 있도록 이용되어야 한다. 베이컨은 사람들에게 자신의 연구를 하나의 교조가 아니라 인간의 진보와 권한 위임을 위한 초석으로 보아줄 것과 편견을 버리고 대혁신에 참여해 줄 것을 요청한다. 대혁신은 한 사람의 생애에서 이루어질 수 있는 과업이 아닌 것이다.

베이컨의 기획은 6부로 구성되어 있다. 1부는 "학문의 분류 Divisions of the Sciences", 2부는 "신논리학 또는 자연의 해석을 위한 지침들 The New Organon; or Directions concerning the Interpretation of Nature", 3부는 "우주의 현상 또는 철학의 토대를 위한 자연지(自然誌)와 실험지 The Phenomena of the Universe; or a Natural and Experimental History for the Foundation of Philosophy", 4부는 "지성의 사다리 The Ladder of the Intellect", 5부는 "선구자들 또는 새로운 철학(제2철학)에 대한 예측 The Forerunners; or Anticipations of the New Philosophy", 6부는 "새로운 철학 또는 실천적 학문 The New Philosophy; or Active Science"이다.

1부에서는 과학적 지식의 현재 상태를 요약하는데, 지금의 분류와는 거리가 있을 수 있다. 2부는 구체적인 사물들을 탐구할 때 이성을 좀더 잘 이용할 수 있는 방법에 대한 설명이다. 베이컨은 전혀 다른 논리학의 기법을 적용하고자 한다. 그의 새로운 논리학은 목표, 증명 순서와 출발점이 다르다. 삼단논법이 아니라 귀납법을 사용하는 것. 인간의 정신은 싸워 물리쳐야 할 네 가지 우상에 사로잡혀 있다. 이런 우상들을 파괴하고 학문적 진리를 정립하려면 이성은 귀납법에 의해서만 판단해야 한다. 따라서 정신이 진리를 쉽게 받아들이도록 만드는 그 새로운 가르침은 철학들, 증거들, 타고난 인간적 이성의 오류를 밝힌다. 이 같은 일이 이루어지면 이미 정신과 우주의 관계는 확립된 셈이다. 3부는 철학의 토대를 이뤄야 할 경험과 자연지를 다룬다. 새로운 종류의 자연지는 원인들에 빛을 비추기 위해 필요하다. 베이컨은 완벽한 자연지를 세우기 위해 자유로운 자연뿐만 아니라 기계적이고 자유롭고 실천적인 기술의 실험이 적용될 자연도 묘사하는 것이 목표다. 어리석은 관념과 경험이 정화된 그 자연지는 자연을 이해하는 데 확고한 토대를 제공할 것이다. 4부에서는 자신의 방법에 따른 탐구와 발견의 사례들을 제시할 생각인데, 본질적으로는 2부의 세세한 적용이다. 5부는 원금을 회수하기 이전의 이자처럼 곧바로 생기는 가치가 있는데, 일반적인 해석 방법을 통해 이루어진 다양한 발견에 대한 설명이다. 또 이 부분은 정신의 임시 대피소 역할을 하지만, 베이컨의 참된 방법에 의존하지는 않는다. 6부는 베이컨의 올바른 탐구 형식에서 얻어지는 철학을 드러내고 상세히 설명한다. 그러나 베이컨은 이 방대한 과제를 혼자서는 해낼 수 없다고 생각한다. 이 일의 마무리는 먼 미래에 이뤄질 것이고, 지금으로서는 상상할 수 없다. 자연에 대한 지식은 자연에 복종해야만 얻을 수 있다. 자연에 대해 가장 많이 알 수 있는 방법은 노력과 추론이다. 베이컨은 이 과업을 위해 신의 가호를 빈다.

풀어보기

베이컨은 자신의 연구가 과거의 지적 오류들을 말끔히 제거할 필요가 있다는 깨달음에서 비롯되었다고 설명한다. 1인칭으로 글을 쓰는 그는 자신의 구상과 철저히 동화되는데, 어떤 의미에서는 자신의 명성을 이 구상에 걸고 있는 셈이다. 서문에서 '다른 야심들은 모두 지금 진행하고 있는 작업보다 못한 것'으로 간주한다는 단언은 어쩌면 그의 생애에 경험한 정치와 철학의 관계에 관한 통찰을 보여주는 말일지 모른다. 베이컨은 비록 정치적 야망을 실현하기 위해 많은 시간을 바쳤지만, 마음속에서는 철학자로서 인류의 삶에 지대한 공헌을 했다고 믿었다.

그가 제임스 1세에게 이 책을 헌정한 것은 국왕의 환심을 얻어 출세를 꾀하려는 속셈을 드러낸 것이라고 볼 수 있다. 제임스 왕은 지적인 문제에 관심이 깊었고(마법·신학·담배에 관한 책을 집필), 학자군주의 본보기라고 자처했다. 베이컨은 항상 주요 관심사였던 개인적 출세뿐만 아니라 자신의 엄청난 과학적 기획에 대한 지식인 사회의 호

응과 왕실의 지원을 얻고자 했다. 학문을 '혁신하는' 그의 구상과 연관되었던 이 작업은 엄청난 비용이 소요될 것이었고, 늘 빚에 쪼들리던 그가 감당하기는 역부족이었을 것이 분명했다. 서문과 제임스 왕에게 보낸 편지들에서 베이컨은 군주와 철학자가 이 계획에 협력하고, 제임스 왕이 유용한 수정안들을 제안하는 모습을 마음속에 그리고 있다. 그러나 제임스 왕은 '최근에 나온 책은 하느님의 평화처럼 전혀 이해할 수 없다'고 털어놓았다. 오늘날에도 제임스 왕과 같은 생각을 하는 독자들이 많다는 사실은 유감스러운 일이다. 서문의 나머지 부분은 본질적으로 베이컨의 방대한 계획에 대한 개관이며, 권위와 전통적인 학문에 대해 펼친 지독한 반론을 보여준다.

베이컨이 고대 그리스와 로마의 저자들과 단절을 시도한 최초의 작가라고 할 수는 없지만, 그의 제안이 매우 급진적이었던 것은 분명하다. 중세부터 르네상스 시대까지 유럽의 교육 체계는 대부분 고전적인 자료를 바탕으로 세워졌다. 오랫동안 아리스토텔레스의 저술들이 자연 세계에 관한 지식의 기본 원천이었고, 실험과 경험이 자연을 탐구하는 가장 좋은 방법이란 관념은 자명하지도 창안되지도 않았던 것. 따라서 기술과 학문 연구는 대부분 고전적인 저술들에 대한 논평으로 구성되었고, 고대의 지혜를 근대적인 경험과 조화시키는 쪽으로 많은 노력을 기울였다.

이처럼 과거를 높이 떠받드는 태도는 권위 개념이 핵심이다. 특히 유명했거나 존경을 받았던 저자들은 높은 지적 지위를 얻으면서 학문적 업적을 능가하는 힘을 갖게 되었고 그들의 가르침은 뚜렷한 증거가 거의 없이도 진리로 받아들여졌다. 많은 저자들은 권위 있는 저자나 저서를 입에 올리기만 해도 논쟁을 매듭지을 수 있을 정도였다. 예를 들어, 아리스토텔레스가 개중에는 '노예로 태어난' 사람들도 있다고 믿었다는 사실은 식민지 원주민들에 대한 압제의 논거가 될 수 있었던 것.

다양한 책에는 오늘날 성경이 일부의 사람들에게 지닌 것과 같은 권위가 있었다. 그러나 이러한 권위의 수립은 간단치 않았다. 수많은 논쟁이 따랐던 점진적 과정이었던 것이다. 베이컨의 공격을 받았다고 해서 그 같은 권위의 장치를 세우는 데 들어간 엄청난 학문적 노력을 무시해서는 안 된다.

이런 권위의 장치를 철저히 제거하려고 했던 베이컨은 자연과 학문에 관해 고대인들과 논쟁하려는 것이 아니라 그들을 철저히 무시하고 처음부터 새롭게 시작하고 싶다는 점을 분명히 밝히면서, 전혀 아무것도 적혀 있지 않은 석판 (石板)이란 것이 있을 수 있다면, 그것을 달라며 즉각적인 비판을 받지 않는 방식으로 혁신을 요구한다. 그리고 자기는 낡은 체계의 원리들을 아예 인정하지 않기 때문에 다른 철학자들은 그것을 이용하여 자기를 비판할 수 없으며, 대신 그의 새로운 저서를 꼼꼼히 읽고 그의 새로운 방법에 맞춰 연구해야 한다고 주장한다. 이런 자세는 비판을 분산시키려는 논거로서는 영리하지만 반드시 설득력까지 갖추었다고 볼 수는 없다. 당연히 비평가들은 어떤 보편적인 관점에서 그의 체계를 판단했다거나 그들의 체계와 마찬가지로 그의 체계가 타당하지 않다고 주장할 수 있었던 것이다.

베이컨은 자신의 작업에서 자연에 대한 실천적 탐구가 차지하는 역할을 강조하기 위해 그것을 '자연철학'이라고 부르지만, 그의 기획은 근대적인 '과학'과 유사할 뿐 동일하지는 않다. 핵심적인 차이라면 베이컨의 새로운 방법이 기독교적인 맥락 안에서 작동한다는 점이다. 이 논증은 과학과 종교의 갈등이란 관념에 익숙한 오늘날 독자들에게는 이상해 보일 수 있지만, 베이컨과 당시 사람들에게는 신이 세상을 창조했다는 관념과 그 세상을 탐구하기 위해 과학적인 방법을 사용하는 태도 사이에는 모순이 존재하지 않는다. 사실, 자연을 탐구하기 좋은 철학적 방법의 필수조건은 신의 존재에 대해 문제를 제기하지 않는 것이다. 그 같은 사정을 잘 아는 베이컨이 진정한 속내를 감추었다고 주장할 수 있겠지만, 본질과는 거리가 있다. 대다수의 17세기 사상가들에게 '과학적인' 방법은 신이 창조한 세상을 탐구하기 위한 하나의 방편일 뿐이었다.

"대혁신"을 위한 베이컨의 계획("대혁신" 서문. 1603)

은 그가 애초에 품었던 목표를 분명히 보여주지만, 〈신논리학〉을 제외하면 사실상 마무리된 것이 없다. 베이컨에게는 3부가 가장 야심만만한 부분이었을 것이다. 2부에서 제시된 '참된 귀납법'을 적용할 자연 세계의 정보를 수집하고 기록한 자료은행으로 구상되었기 때문이다. 이런 자료은행을 완성하려면 엄청난 노력이 필요하겠지만, 그 작업을 통해 베이컨은 자신의 귀납법을 확고한 토대에 근거할 수 있을 것이다. 베이컨이 왕의 후원을 얻으려는 이유가 바로 이 기획을 위해서다. 4부는 모호하게 서술되지만, 자연 현상들을 부분적으로 설명하는 귀납적인 방법의 사례들처럼 보인다. 이러한 사전 설명과 체계들은 베이컨이 6부에서 펼치려고 마음먹었던 자연 세계에 대한 총체적인 설명으로 대체되었을 것이다. 5부는 빨리 이익을 얻어야 하는 부유한 투자자들을 끌어들이기 위한 일종의 미끼로 볼 수 있다. 잠재적인 후원자들을 부추겨 자신의 방대한 기획에 투자하도록 만들기 위해 즉각 활용되고 돈이 되는 발견들을 보여줄 작정인 것. 그는 자신이 구상한 웅대한 철학적 체계를 세우려면 재정적 지원이 필요하고, 그 목적을 이루려면 용의주도하게 '시장에 내놓아야' 한다는 것을 분명히 알고 있다. 어쩌면 이 부분에서 전달하려는 핵심 내용은 〈신논리학〉이 상당히 진행되었다는 사실일지 모른다. 서문은 결국 완성되지 못한 장대한 기획의 일부이자 그 자체도 단편적이다.

Book 1
서문과 잠언 1–85

자연에 대해서는 이미 탐구를 마쳤기 때문에 모든 것을 알 수 있다는 듯이 주장해 온 독단주의자들이 철학과 학문을 훼손시킨 장본인들이다. 또한 자연에 대해서는 아무 것도 알 수 없다고 주장하는 회의주의자들도 나름의 이유는 갖고 있었지만, 그들의 논증을 타당한 원리에서 이끌어 내지 못하고 일종의 집착이나 교만에서 또 다른 극단으로 치달았다. 반면, 베이컨의 방법은 실행하기는 약간 어렵지만 공식화하기 쉽다. 그것은 확실성의 단계를 결정하는 방법, 이를테면 감각 본래의 기능을 되살리는 방법이다. 즉 정신 작용은 감각 작용에 뒤이어 일어나게 마련인데, 일단 정신이 활동하기 시작하면 감각은 닫히게 되므로 정신 활동이 감각을 닫지 못하도록 감각 자체의 지각으로부터 정신에 새로운 길을 건설해 주는 것이다. 전통적인 논리학도 비슷한 일을 이루고자 했지만 때가 이미 너무 늦었고, 진리를 밝히기보다는 오히려 오류를 고착화시키고 말았다. 하나 남은 희망이라면 정신의 작업을 처음부터 다시 시작하고, 기계로 끊임없이 제어하는 것이다. 어느 분야든 도구와 기계의 도움 없이 사람의 힘만으로는 대사업을 해낼 수 없지 않은가!

우리는 옛사람들을 깎아내리지 않고도 우리의 목적을 성취할 수 있다. 베이컨은 지배적인 철학을 축출할 의도가 없다. 두 종류의 학문과 두 부류의 철학자가 있다고 할 수 있기 때문이다. 양측은 서로 적대하지 않고 돕는다. 요컨대, 학문을 육성하는 방법과 학문을 발견하는 다른 방법이 존재한다고 할 수 있는 것. 사람에 따라서는 후자를 이해할 만큼 영리하지 못하거나 실용적인 이유 때문에 전자를 더 좋아할 수 있다. 그러나 이미 발견된 것에 안주하거나 그것을 이용하는 데 그치지 않고 참된 지식을 추구하는 사람이라면 후자를 따라야 한다. 베이컨은 전자를 '정신의 예단', 후자를 '자연의 해석'이라고 부른다. 비판자가 되려면, 먼저 베이컨의 방법에 따라 대상을 철저히 규명해야 하고, 정신에 깊이 박혀 있는 나쁜 습관을 뿌리 뽑아야 한다.

1-10. 인간은 자연의 이용자이자 해석자로서 사실이나 추론을 통해 자연을 이해한다. 지성도 손처럼 도구가 있어야 무슨 일이든 할 수 있다. 인간의 정신 역시 도구를 사용하면 지성이 촉진되거나 보호된다. 인간의 지식이 바로 인

간의 힘이다. 원인을 알지 못하면 결과를 얻을 수 없기 때문이다. 기술자, 수학자, 의사, 연금술사, 마법사들은 자연에 깊은 관심을 갖지만 별다른 성과를 내놓지 못하고 있다. 지금 통용되는 방법으로 아직까지 실행된 적이 없는 어떤 일을 실행할 수 있다고 생각한다면 정신이 나간 것이다. 정신과 손이 만들어낸 창조물은 수없이 많지만, 사실 그 다양성은 몇 가지 널리 알려진 것으로부터 이끌어낸 것일 뿐이다. 이미 발견된 성과들조차 학문보다는 우연과 경험의 소산이다. 근대 학문의 문제점은 정신을 무조건 찬양하면서 그 보조수단을 구하지 않고 있다는 사실에서 비롯된다. 자연의 오묘함은 정신의 오묘함을 능가한다.

11-20. 논리학은 학문의 발견에는 전혀 쓸모가 없고, 진리를 탐구하기보다는 오히려 (통속적인 개념에 근거를 두고 있는) 오류를 고착시키기 때문에 해롭기만 하다. 구체적인 사물들과 관계없이 동의를 강요하는 삼단논법은 그 토대가 되는 개념들이 불확실하면 기대할 것이 없다. 유일한 희망이라면 참된 귀납법밖에 없다. 논리학과 자연학의 개념에도 명확한 것이 없다. 비슷한 문제들이 귀납법에 의해 형성된 공리에서도 일어날 수는 있으나 삼단논법에서는 좀더 일반적이다. 이전의 학문적 발견들은 대체로 통속적인 개념에 따른 것이지만, 자연의 심오한 비밀을 알아내려면 공리의 토대가 더욱 튼튼하고 확실해야 한다. 진리를 탐

구하고 발견하는 방법은 두 가지뿐이다. 현재 통용되는 방법은 감각과 개별자에서 출발하여 일반적인 공리에 도달한 다음, 그 진리로부터 중간 수준의 공리를 발견하는 것이다. 다른 하나는 진정한 (과학적) 방법인데, 감각과 개별자에서 출발하여 일반적인 공리에 도달할 때까지 지속적·점진적으로 올라가는 것이다.

21–31. 지성이 두 번째 길을 가려고 해도 길잡이가 없으면 큰 성과를 거둘 수 없다. 앞의 두 가지 방법은 모두 감각과 개별자에서 출발하여 일반적인 공리에 도달하지만, 그 차이는 엄청나게 크다. 전자는 개별자를 피상적으로 건드릴 뿐이지만, 후자는 올바른 순서에 따라 꾸준히 단계적으로 자연에서 가장 일반적인 원칙에 이르기까지 올라간다. 추론에 의해 형성된 공리는 새로운 성과를 발견하는 데는 쓸모가 없으나 새로운 개별자를 암시할 수는 있다. 현재 통용되는 공리들은 빈약한 경험과 흔히 볼 수 있는 소수의 개별적인 사례에서 이끌어낸 것이기 때문에 새로운 사례에 이르지 못한다. 우리가 자연에 대해 적용하고 있는 추론은 자연에 대한 예단이고, 참된 추론은 자연에 대한 해석이다. 예단은 해석보다 훨씬 쉽게 동의를 얻어낼 수 있기 때문에 세론(世論)과 독단에 근거한 학문에서는 유용하지만, 예단을 통해서는 학문의 진보가 있을 수 없기 때문에 어떤 근본적인 혁신이 필요하다.

32–44. 새로운 방법을 가르치는 최선책은 사람들을 실재하는 사물로 인도하고 고정관념에서 벗어나게 하는 것이다. 베이컨의 방법은 출발점에서는 회의론자들과 어느 정도 일치하지만, 결론에서는 완전히 다르다. 회의론자들은 감각과 지성의 권위를 아예 부정하지만, 베이컨은 감각과 지성을 도와주려고 한다. 인간은 지성을 사로잡고 있는 우상과 그릇된 관념들로부터 자신을 지키지 못하면, 그것들로 인해 진리를 얻을 수 없게 된다. 우상에는 네 종류—종족의 우상, 동굴의 우상, 시장의 우상, 극장의 우상—가 있으며, 이 우상들을 몰아내는 유일한 방법은 참된 귀납법으로 개념과 공리를 형성하는 것이다. 종족의 우상은 인간성 자체, 인간이란 종족 자체에 뿌리박혀 있는 편견이다. 모든 현상을 본모습대로 보지 않고 인간의 관점에서 왜곡하고 굴절시킨다. 동굴의 우상은 개인 고유의 특성, 교육, 환경 등에 의해 생겨나는 편견이다. 자기만의 동굴에 갇히면 사물을 제대로 볼 수 없다. 시장의 우상은 인간 상호간의 교류와 접촉에서 생겨나는 편견이다. 우리는 언어를 통해 의사소통을 하는데, 언어가 잘못 만들어지면 대상의 실체를 올바로 이해할 수 없다. 극장의 우상은 철학의 다양한 학설과 그릇된 증명방법 때문에 생겨나는 편견이다.

45–52. 종종 자연에는 실재하지 않는 질서와 규칙성을 만들어내는 인간의 지성은 일단 어떤 것에 대해 결정을

내리면, 모든 논증이 그것을 뒷받침하게 만든다. 인간의 지성은 빠르게 상상력을 자극하는 것에 의해 가장 큰 영향을 받는다. 인간의 지성은 잠시도 쉬지 않는다. 따라서 세계에는 어떤 극한이나 한계가 있다는 생각은 하지 못한다. 인간은 누구나 진리라고 믿고 싶은 것을 더 쉽게 믿기 때문에 인간의 지성은 무수한 방식으로 감정에 의해 오염된다. 인간의 지성이 지닌 가장 큰 문제점은 감각의 허약함에서 비롯된다. 인간의 지성은 무엇이든 추상화시키는 본성이 있기 때문에 끊임없이 변하는 것을 변하지 않는 것이라고 여긴다. 요컨대, 종족의 우상은 인간 정신의 다양한 한계, 감정의 영향, 또는 감각의 허약함에서 생겨난다.

53-58. 동굴의 우상은 각 개인의 정신과 육체, 교육이나 습관, 우연한 사건들에서 생겨난다. 특정한 학문이나 연구에 애착을 느끼고 있는 사람은 자신이 품고 있던 사실이나 관념에 매료되어 그것의 노예가 된다. 자신의 자연철학을 논리학에 종속시켜 쓸모없고 분란만 일으키는 것으로 만들어버린 아리스토텔레스가 좋은 예다.(길버트와 자기(磁氣) 참고) 인간 정신이 철학과 여타 학문을 대하는 자세를 비교해 보면 나타나는 가장 근본적인 차이점은 어떤 정신은 사물들의 차이점을 잘 찾아내는 반면, 어떤 정신은 온 힘을 기울여 사물의 유사성을 찾아낸다는 사실이다. 두 유형 모두 극단에 빠지기 쉽다. 어떤 정신은 낡은 것을 떠받

들고, 어떤 정신은 새로운 것에만 매달린다. 그러나 진리는 특정한 시대가 누리는 불확실한 행운보다는 영원한 '자연과 경험의 빛'으로 얻는 것이다. 지성이 동굴의 우상을 떨쳐내려면 예리하면서도 포괄적이어야 한다. 자연을 탐구하는 사람은 자신의 상상력을 사로잡는 것이면 무엇이든 의심해보고, 자신의 지성이 한쪽으로 치우치지 않도록 각별히 주의해야 한다.

59-60. 시장의 우상은 언어의 의미에 관한 동의에서 생겨나기 때문에 가장 성가시다. 사람들은 이성이 언어를 지배한다고 믿지만, 사실은 언어가 지성을 움직이는 경우도 많다. 따라서 학자들의 엄숙한 논의가 언어와 명칭에 관한 논쟁이 되고 마는 경우가 생기는 것이다. 그러나 언어에 관한 정의에서 시작한다고 해도 그 같은 정의 자체도 결국은 언어로 구성되어 있고, 이 언어가 다시 또 다른 언어를 낳기 때문에 이 문제는 풀리지 않는다. 개념과 공리를 형성하려면 개별 사례와 그 순서를 살펴봐야 한다. 언어가 지성에 강요하는 우상은 두 가지다. 하나는 명칭만 있고 실재하지는 않는 것들이고, 다른 하나는 실재하지만 잘못된 정의 때문에 혼란을 야기하거나 한쪽 측면만 나타내는 경솔한 명칭들이다. '행운,' '근본 동인(動因)' 같은 전자의 우상은 쉽게 몰아낼 수 있다. 그처럼 터무니없는 학설들 자체를 계속 거부하여 폐물로 만들어버리면 그 명칭들도 사라지기 때문

이다. 그러나 어설픈 추상에 의해 생겨나는 매우 복잡한 후자의 우상은 훨씬 복잡하고 없애기 어렵다.

61–67. 극장의 우상은 여러 가지 학설로 만들어진 각본이나 그릇된 논증에 의해 공공연하게 주입된다.(여기서는 일반적인 유형 논의에 그침) 철학은 적은 것에서 너무 많은 것을 이끌어내거나 많은 것에서 극히 적은 것을 이끌어내기 때문에 실험과 과학의 기초가 빈약하고 불충분한 소수의 사례만으로 판단을 내리게 된다. 궤변파 철학자들은 경험으로 알 수 있는 평범한 사례들을 주의 깊게 조사해 보지도 않은 채 움켜쥐고, 나머지는 모두 사색이나 정신의 활동으로 해결하려 한다. 경험철학자들은 몇 차례 안 되는 실험을 토대로 대담하게 그들의 철학 체계를 수립하고, 모든 것을 그 양식에 맞추려고 한다. 미신적인 철학자들은 신학과 전통을 끌어들여 학문을 구하려고 든다. 첫 번째 부류의 가장 두드러진 예가 아리스토텔레스이다. 그는 결론을 미리 내려놓고 경험을 토대로 삼아 자신의 철학을 세운 것처럼 가장했는데, 이 점에서는 경험을 완전히 배제하는 그의 추종자들(스콜라 철학자들)보다 더 심하게 비난받아야 한다. 경험철학은 몇 가지 안 되는 실험을 토대로 하기 때문에 왜곡된 개념을 더 많이 낳는다. 미신으로 인해 타락한 철학은 엄청난 해악을 끼치고 있으며, 성서에 의존해서 자연철학을 세우려고 하는 근대적인 시도들은 어리석고 위험하다.

신학이 인간의 간사한 지식과 결합하면 터무니없는 철학이 나타나거나 이단적인 종교가 출현하기 때문이다. 인간의 지성은 기계적인 기술이 주로 합성이나 분리에 의해 물체의 변화를 일으키는 사례에 현혹되어 자연적 물체들이 원소나 원소의 집합으로 구성되어 있다는 등의 환상을 품게 된다. 너무 성급하게 결론을 내리는 철학이나 모든 것을 의심하는 철학도 지성에 위험하기는 마찬가지다. 그처럼 무절제한 철학들은 우상을 고착화하고 영속화시켜 그것으로부터 벗어나는 길을 차단하고 말기 때문이다. 아리스토텔레스는 만물에 대해 너무 쉽게 자기 방식대로 결정을 내렸고, 그 결정으로 인해 지성은 억압을 당한다. 한편, 플라톤, 카르네아데스*, 피론**의 회의론은 목적 없이 연구만 하게 만들어 지성을 약화시킨다. 그렇다고 해서 베이컨이 인간의 감각이나 지성의 권위를 부정하는 것은 아니다. 이처럼 감각이나 지성은 연약하기 때문에 도와주어야 한다는 것.

68–70. 우리는 위의 네 가지 우상을 모두 물리치고 지성을 완전히 해방시켜야 한다. 그릇된 논증은 우상을 지지하고 보호한다. 우리가 감각과 그 대상에서 출발하여 공리

---

* **카르네아데스**(Carneades, 214–129 B.C.?): 플라톤의 아카데미아에서 변론술을 공부했고, 나중에 신아카데미아 학파를 창시한 회의주의자.

** **피론**(Pyhrro, 360–272 B.C.?): 그리스 철학자. 인간의 감각적 지각을 불신한 최초의 회의주의자.

와 결론에 도달하는 과정에서 이용하는 논증이 불완전한 이유는 네 가지다. 첫째, 감각이 불완전하다. 둘째, 개념이 감각의 인상으로부터 제대로 도출되지 못했다. 셋째, 배제나 해체 없이 단순한 나열에 의해 학문의 원리를 결정하는 귀납법은 불완전하다. 넷째, 일반적인 명제를 세워놓고 그 명제에 따라 중간 수준의 공리를 증명하는 방법은 모든 오류의 근원이다. 경험이야말로 최상의 논증이지만, 현재 통용되는 실험 방법들은 부실하고 실험을 놀이하듯이 한다. 실험을 토대로 어떤 학문이나 이론을 세운다고 해도 곧바로 실제적인 적용에 급급한 나머지 가장 큰 보상인 참된 원리에 도달하지 못한다. 우리는 이익을 가져오는 실험보다는 빛을 가져오는 실험을 통해 먼저 참된 공리를 발견해야 한다.

71-77. 근대 철학이 부적절하다는 것을 보여주는 조짐이 몇 가지 있다. 우리의 학문은 거의 그리스인들로부터 물려받은 것이다. 그러나 그리스인의 지혜는 논쟁과 수사학에 빠져 진리탐구를 방해하기 쉽다. 따라서 철학의 기원에서부터 나타나는 징후들은 보잘것없다. 철학에서는 인간의 삶을 개선하는 데 도움이 될 만한 실험은 찾아보기 어렵다. 의견을 토대로 하는 학문들은 거의 발전하지 않았지만, 자연과 연관되는 기계적인 기술은 엄청나게 진보했다. 철학자들은 틈만 나면 알 수 없거나 불가능한 일이 많다고 주장

함으로써 진리탐구자들을 위축시킨다. 예전 철학자들의 의견 불일치는 철학이 그 기초가 튼튼하지 못하고 온갖 종류의 오류에 빠져 있었다는 사실을 보여준다. 적어도 아리스토텔레스의 업적에 대해서는 일반적인 동의가 존재한다고 생각하는 것도 옳지 않다. 그 이전 철학자들의 성과도 아주 오래 남아 있었지만, 그 후 로마 제국이 야만인들의 침략으로 학문이 난파당했을 때 그 험한 시대의 파도 속에서 좀더 가벼운 아리스토텔레스와 플라톤의 철학만 살아남았을 뿐이다. 사람들이 아리스토텔레스의 노예가 된 것은 그의 권위에 눌려 부화뇌동했기 때문이다. 지적인 문제에서는 만장일치에 의한 결론이 가장 나쁘다.

78–85. 여러 가지 오류의 원인과 그 같은 오류가 고질화된 이유는 (1) 그리스, 로마, 근대 서유럽 등, 세 시기에만 학문이 융성했다. 따라서 학문이 진보하지 못한 이유는 학문에 우호적인 시대가 너무 짧았기 때문이다. (2) 학문이 융성했던 시기에도 모든 학문의 어머니라고 할 수 있는 자연철학은 항상 뒷전으로 밀려나 있었다. (3) 자연철학은 다른 목적을 달성하기 위한 통로나 다리로 취급되어왔다. (4) 자연철학의 연구 목표가 제대로 설정되지 못했다. 진정한 목표는 여러 가지 발명과 발견을 통해 인간의 삶을 풍부하고 윤택하게 만드는 것이다. (5) 설령, 학문의 목표를 제대로 설정한 경우에도 지식으로 가기 위해 선택한 길이 부적

절하다. (6) 이런 사정은 정신이 감각의 대상이 되는 사물과 질료가 대상인 실험을 가까이하면 위엄을 잃는다는 편협한 생각 때문에 더욱더 복잡해진다. (7) 고대의 학문에 대한 무조건적인 숭상, 소위 '철학계의 거장들'에 대한 맹목적인 추종, 그리고 일반적인 동의도 학문의 진보를 가로막는다. (8) 오랜 세월에 걸쳐 전해 내려온 많은 성과에 대한 찬탄도 인류의 노력을 위축시킨다.

· 풀어보기

베이컨은 서문에서 절대적 지식과 절대적 회의 사이의 중용(中庸)을 제시한다. 그가 언급하는 본래 '회의론자들'은 아무것도 알 수 없다고 주장했던 고대 그리스 철학자들이다. 이런 회의주의 전통은 16세기와 17세기까지도 세력을 떨쳤다. 미국 철학역사가인 리처드 포프킨(Richard H. Popkin. 1923-2005)에 의하면, 회의주의적 논증에 대한 반응이 근대 초기의 철학을 이끈 커다란 힘이었다. 근본적으로 회의론자는 "'내가 아는 것은 무엇인가?'라고 묻고, 재차 "나는 그것을 어떻게 아는가?"라고 묻는다. 모든 주제에 대해 철저히 의심하는 회의론적인 입장은 무엇이든 알 수 있다는 인간의 능력에 대한 의심으로 확대된다. 진심으로 회의론적인 입장에 공감한 베이컨은 자신의 철학을 온건한 형식의 회의론적 의심이라고 밝히면서도 회의주의가 자연계의 개별 사물들에 대해 충분한 관심을 기울이지 않는다고 생각한다. 의심은 전략으로서는 타당해도 철학은 자연 자체에서 시작해야 한다는 것.

베이컨은 자신의 방법이 하나의 '기관'이라고 주장한다. 이 같은 주장의 뿌리는 부분적으로는 그가 아리스토텔레스를 반박한다는 사실에 있다. 그는 그 대답으로 아리스토텔레스의 합리적 사유를 위한 기관을 근대에 맞게 수정할 '새로운' 기관을 집필하려고 한다. 그가 자신의 이론이 하나의 기관처럼 작용한다고 믿는 이유는 탐구자가 특정한 결과에 이르도록 예정된 일련의 단계들을 따르고 반복하도록 해주기 때문이다. 그러나 이 같은 작업을 행하는 개인보다는 정확하게 따른다면 소중한 결과를 낳을 방법 자체가 더 중요하다. 어떤 점에서 베이컨의 방법이 중시하는 단계들은 그 절차가 정해져 있는 인위적인 사유처럼 작용한다. 베이컨은 여기서 고대 철학자들을 공격하려는 것은 아니며, 자신의 자연 해석이 누구도 반박할 수 없을 만큼 합리적이란 사실을 보여주려는 것이라고 조심스레 밝힌다.

〈신논리학〉의 제1, 2권이 모두 잠언의 형태로 구성되어 있다는 사실은 중요하다. 잠언들, 즉 함축적인 단상(斷想)들은 이 책의 잠정적이고 미완성적인 특징을 강조한다. 베이컨은 나중에 〈학문의 존엄과 진보〉에서 '잠언을 통한 전달은… 저자의 지식이 경박하고 피상적인지, 아니면 견실한지를 시험한다. … 누구든 잠언을 쓸 수 있는 능력을 충분히 견실하게 갖췄다고 느끼지 않는다면, 잠언을 쓸 수 없을 것이고, 실제로 쓰려고 생각하지도 않을 것'이라고 주장했다. 베이컨은 잠언을 통해 독자의 관심을 끌어들이고, 자신의 논증을 깔끔하게 조목조목 구성하는 효과를 거둔다.

잠언 1-10은 인간과 자연의 관계를 규정하며, 당시의 자연 탐구방법이 지닌 문제점을 파헤친다. 베이컨에 따르면, 우리는 자연에 대한 절대적인 지배력을 바랄 수 없고 다만 자연이 어떻게 작용하는지 짐작하고 고찰할 수 있을 뿐이다. 인간은 자연의 힘에 복종해야 한다는 그의 단언은 탐구자가 할 수 있는 일의 한계를 분명히 보여준다. 당시의 방법은 이미 발견된 것을 정교하게 배열할 뿐이며 상상력이 없기 때문에 문제가 있고, 새로운 성과를 기대할 수 있는 어떤 종류의 엄격한 방법론도 따르지 못하고 있다. 필요한 것은 베이컨이 묘사하는 종류의 '사유를 위한 기관'이다.

잠언 11-20과 21-31에서는 논리학에 대한 베이컨의 견해를 처음으로 소개하면서 아리스토텔레스의 삼단논법과 귀납적 추론을 대조한다. 삼단논법이 지닌 커다란 문제는 자연에 실존하는 사물로부터 곧바로 일반적인 공리를 이끌어낸 다음에 중간 단계들을 제시한다는 점이다. 반면, 귀납법은 사물 자체에 의문을 제기하고 연구한 다음에 방법적인 방식을 통해 좀더 일반적인 진술로 진행한다. 베이컨에 의하면, 삼단논법과 논증의 연결고리는 튼튼하지 않다. 철학적 논증의 유일한 가치는 검토할 수 있는 새로운 분야를 제시하는 것이다. 그러나 논리학은 진리탐구보다는 기존의 오류를 강화시키기 때문에 해롭고 거의 학문의 진보로 이어지지 않는다.

삼단논법은 개별적인 사물로부터 일반적인 명제로 곧바로 도약하거나 앞서가기 때문에 베이컨은 삼단논법의 작용을 '예단(豫斷)'이란 용어로 묘사한다. 해석 과정에서 여러 단계의 핵심 과정을 생략함으로써 자연에 하나의 '의미'를 억지로 부과한다는 것. 예단은 진리를 발견하기보다 논쟁에서 이기려고 들 경우에는 유용할 수 있다. 베이컨은 특히 이런 과오를 저지른 인물로 아리스토텔레스를 꼽는다.

잠언 32-44에서 베이컨과 고대 회의론자들의 관계는 다시 중요해진다. 의심이라는 회의주의적 입장은 우리의 감각이 실체의 참된 그림을 줄 수 있는지 또는 사물을 제대로 알게 해주는지에 대한 불확실성을 토대로 할 때가 종종 있기 때문에 베이컨은 고대 회의론자들이 감각의 중요성을 훼손했다고 공격한다. 베이컨의 입장은 감각이 실체의 정확한 그림을 줄 수 있지만, 적절하게 사용되고 '뒷받침될' 경우에만 그것이 가능하다는 단서를 단다. 따라서 그는 종종 지식의 가능성에 대해 회의의 강도가 낮은 '희석된' 회의주의 형태와 손을 잡는다. 이 대목에서는 네 가지 우상의 개념도 소개한다. 우상은 과학적 탐구의 진행을 방해하는 심리적·언어적·철학적인 장벽을 의미하는데, 어떤 의미 있는 진보를 이루려면 반드시 허물어야 한다.

잠언 45-52에서는 '종족의 우상'은 모든 사람이 공유하고 있으며, 공통적인 심리적 과오라고 할 수도 있다는 것을 보여준다. 이 우상은 인간의 정신이 작용해서 감각으로부터 받아들인 정보를 처리하는 방식과 감각이 그 정보를 제공하는 방식에서 비롯된다. 인간의 정신은 사물에 질서를 부과하고 고정관념을 개발하는 경향이 있으며, 감정의 영향을 크게 받는다. 베이컨은 감정 또는 정념을 이성과 정신에 대립시키는 오랜 전통을 이용한다. 이성은 심지어 통제되는 경우에도 감정에 의해 역으로 영향을 받는다고 주장하는 사람들이 많다. 그러나 베이컨은 이 같은 정신적 장애물들이 인간 지성의 본질적인 부분이기 때문에 반드시 해결될 수 있는 문제는 아니며 우리로서는 그것들을 찾아내고 그 효과를 보충하려는 시도밖에는 할 수 없다고 생각한다.

잠언 53-58에서는 '동굴의 우상'이 야기한 문제들을 해결할 가능성이 더 커진다는 것을 보여준다. 인간의 정신은 저마다의 독특한 경험에 따라 서로 다른 방식으로 작용하기 때문에 동굴의 우상에 영향을 받지 않으려면 스스로의 사고 과정에 대한 인식과 고도의 엄격함이 필요하다.

잠언 59-60에 나오는 '시장의 우상'은 라틴어 *idola agorae*를 번역한 표현이다. 고대 그리스에서 agora는 시민들이 모여 정치이야기를 나누고 상거래를 행하는 공공의 광장이었다. 따라서 시장의 우상에는 언어와 토론의 문제가 핵심이다. 베이컨은 낱말들의 복잡한 본성을 깊이 인식하고 있었다. 낱말은 구체적인 사물과 추상적인 관념을 상징하지만, 상징과 대상이나 관념의 관계를 모르면 우리를 기만할 수 있다는 것. 탐구에 사용된 모든 낱말을 주의 깊게 정의한다고 해서 항상 이 문제가 해결되는 것도 아니다. 나아가 그런 정의가 공식화되는 방식에 대해 깊이 생각할 필요가 있다. 지식과 지식을 생산하는 우리의 능력이 용어법에 달려 있다는 관념은 베이컨에게 매우 중요하다.

잠언 61-67에서 '극장의 우상'을 파헤치는 데 정성을 기울이는 이유는 그것이 그가 무너뜨리고 싶어하는 '권위'의 바탕을 이루기 때문이다. 가장 위험하면서도 대처하기는 가장 쉽다고 말할 수 있는 극장의 우상은 그릇된 철학들이며, 따라서 인간의 본성에 씌어져 있는 것이 아니라 인간이 쓴 것이다. 베이컨이 제시하는 세 종류의 그릇된 철학—궤변적인 철학, 경험적인 철학, 미신적인 철학—은 똑같이 나쁘다. 각 철학의 구성원리가 내포한 핵심적인 문제점은 궤변적인 철학은 논증, 경험적인 철학은 제한된 경험, 그리고 미신적인 철학은 미신과 신학을 토대로 세워진다는 것이다.

참된 철학이라면 견실한 방법과 자연에 바탕을 두어야 한다. 이 대목에서 베이컨이 종교를 대하는 태도는 매우 흥미롭다. 자신의 철학을 일반적으로 기독교적인 틀 안에 두면서도 성서를 학문의 바탕으로 삼으려고 하지 않는다는 것. 그에게 성경은 결국 도전해야 할 또 다른 권위일 뿐이며, 적절한 탐구는 신이 창조한 대로의 자연만을 쳐다보는 것이다.

잠언 68-85에서는 근대 철학의 발전과 구조에 대한 비평을 제시한다. 극장의 우상이 드러내는 문제는 일시적인 것이 아니라 고대 그리스에서 시작된 철학의 뿌리로부터 비롯된다. 베이컨은 그리스 철학자들을 별로 좋아하지 않는다. 말만 무성했지 제대로 행동하거나 탐구할 능력이 없었다고 생각하기 때문이다. 그들의 유산이라면 발전과 실제적인 혜택을 희생시켜 논증과 토론을 강조하는 것이다. 베이컨은 아리스토텔레스의 철학이 적어도 일반적인 동의는 얻었다는 생각도 반박하려고 한다. 이것은 아리스토텔레스의 권위를 무너뜨리기 위한 전략의 일부인데, 그의 논리학을 공격할 뿐만 아니라 그의 논리학이 특히 우수하고 기초가 튼튼하다는 주장마저 부정하는 것이다. 그러나 베이컨이 아리스토텔레스 철학의 다양성을 제대로 파헤치기는 했다. 비록 당시의 대학교에서 아리스토텔레스 이론을 가르쳤다고는 해도 그 해석은 아주 다양했으며, 이후에도 '근대' 자연철학을 지지하는 수많은 사람들이 계속 아리스토텔레스의 범주들을 이용했던 것이다. 따라서 '아리스토텔레스의' 철학이 오직 한 경향의 사상만을 나타냈다고 주장하는 것은 잘못이다.

베이컨이 보기에는 아리스토텔레스 이외에 철학의 역사도 오류일람표다. 그 목록에 오른 모든 오류는 한 가지 공통점이 있다. 자연철학의 참된 역할을 인정하지 않았기 때문에 학문 탐구를 제대로 진보시키지 못했다는 것. 자연철학이란 인류에게 엄청난 잠재적 혜택을 준다는 것이 인정될 때만 진지하게 다루어지고 진정으로 발전할 수 있다.

여기까지의 잠언들은 이후에 나올 잠언들을 위해 터전을 닦는 시도라고 볼 수 있다. 베이컨은 철학의 역사를 통해 학문의 발전을 가로막아온 해묵은 문제점들을 드러낸다. 이 같은 장애들이 제거되어야 비로소 학문의 참된 진보가 이뤄질 수 있다. 아리스토텔레스와 스콜라 철학자에서부터 플라톤*, 카르네아데스, 회의론자에 이르기까지 당시의 사상과 철학적 전통을 거의 모두 거부한 베이컨은 이제 자신의 관념을 펼칠 준비를 거의 마친 셈이다.

---

* **플라톤**(Plato, 428?-347 B.C.?): 그리스 철학자. 소크라테스의 제자이자 형이상학의 수립자. 논리학·인식론 등에 걸쳐 광범위한 철학체계를 전개했으며, 영원불변의 개념인 이데아(idea)를 통해 존재의 근원을 밝히려고 했다. 주요 저서는 〈소크라테스의 변명〉 등.

잠언 86-130

86-92. 기술과 여러 학설에 대해 인간이 어린아이처럼 탄복하는 것은 그 자체로는 문제 삼을 일이 아니다. 그러나 학문을 가르치는 사람들이 이러한 유치한 탄복을 교묘하게 부추기고 강화해 왔다는 점은 문제가 된다. 새롭고 실천적인 자연철학을 옹호하는 사람들이 내세우는 공허한 주장은 오히려 낡은 관념들의 명성을 높여주었다. 겸손, 교만, 야망의 결핍은 언제나 학문의 발전에 해가 된다. 사람들은 이룰 수 없는 일이 있으면 무조건 이치상 불가능하다고 주장한다. 종교에 대한 맹신과 미신도 항상 자연철학이 진보하지 못하도록 발목을 잡았다. 자연철학이야말로 종교의 가장 강력한 동맹자다. 성서는 하느님의 의지를 나타내고, 자연철학은 하느님의 능력을 나타내는 것이기 때문이다. 교육기관들의 관습과 제도 역시 학문의 진보를 가로막고 있다. 학문상의 변혁을 정치적 혁명처럼 위험시하기 때문이다. 발견에 대한 보상이 제대로 이루어지지 않는 현실도 학

문 탐구 의욕을 꺾었다. 보상할 위치에 있는 군주나 보통사람들은 대개 그 같은 진보를 이해하지 못했기 때문이다. 그러나 무엇보다 진보를 가로막는 가장 큰 장애는 희망의 부재와 자포자기다. 자연의 이치는 무궁무진한데, 인간의 생명은 짧고, 감각은 속이고, 판단은 약하다고 생각하기 때문이다.

93-100. 학문의 진보를 위한 노력은 본질적으로 선한 일이기 때문에 하느님으로부터 비롯된 것이 분명하다. 따라서 먼저 만물의 창조자인 하느님에서 시작해야 한다. 그리고 다음에는 과거의 오류와 아직껏 시도해 보지 않은 방법에서 강력한 희망의 근거를 찾을 수 있다. 그것들이 너무 나쁜 나머지 이제는 개선의 길밖에 없기 때문이다. 경험주의자들은 개미처럼 모아서 이용하고, 합리주의자들은 거미처럼 제 속을 풀어내어 집을 짓는다. 그러나 개미와 거미의 중용을 취해 기존의 재료를 모아 변화시켜 이용하는 꿀벌의 방법이 가장 바람직하다. 그러나 순수한 자연철학은 아직 발견되지 않았다. 여태껏 그 누구도 속설과 고정관념의 잡동사니를 없애지 못했지만, 균형 잡힌 감각과 맑은 정신으로 경험과 개별적인 사례 연구에 전념한다면 위업을 이룰 수 있다. 경험의 토대는 매우 허약하다. 따라서 자연지 자체를 위한 자연지가 아니라 (철학의 건설과 지성의 계발을 위한) 좀더 나은 자연지가 만들어지면, 그리고 당장의

이익을 가져오는 실험보다는 공리를 드러내는 실험을 몸에 익힌다면, 자연철학의 진보를 기대할 수 있다. 우리는 지금보다 더 많은 실험을 해야 할 뿐만 아니라 그 진행은 전혀 새로운 방법과 규칙에 따라야 한다.

101-115. 지성적 작업이나 철학적 작업을 위해 자연지나 경험지의 풍부한 자료가 준비된 후에도 지성의 기억에만 의존해서 그 작업을 하려고 들면 안 된다. 개별적인 사례는 수없이 많고 여기저기 흩어져 있으므로 지성을 혼란스럽게 하지 않으려면 탐구대상에 맞도록 일목요연한 발견 일람표를 만들어야 하며, 이렇게 수집된 개별적인 사례로부터 곧바로 새로운 개별적인 사례나 성과를 발견하려 들지 말고 일정한 방법과 규칙에 의해 도출된 공리를 발견해야 한다. 그래야만 이 공리에 의해 새로운 개별적인 사례들이 차례로 밝혀지게 되는 것이다. 그러나 개별적인 사례에서 단숨에 일반적인 공리로 진행한 다음에 다시 그 공리를 이용하여 개별적인 사례를 설명해서는 안 되고, 사다리를 올라가듯 저차원의 공리에서 중간 수준의 공리와 고차원의 공리를 거쳐 추상적인 일반 공리에 도달해야 한다. 따라서 일반적인 공리를 세울 때는 단순 나열에 의해 진행되지 않는 전혀 다른 형식의 귀납법이 필요하다. 참된 귀납법은 적절한 배제와 제외에 의해 자연을 분해한 다음에 부정적인 사례를 필요한 만큼 수집하고 나서 긍정적인 사례에 대해

결론을 내리는데, 이것의 도움을 받으면 공리를 발견하고 개념을 규정하기가 쉽다. 참된 귀납법에 의해 형성된 일반적인 공리가 문제의 개별적 사례들보다 넓은 범위로 확장되었다면, 그 공리의 적용 가능성을 보증하기 위해 새로운 개별적 사례들을 제시해야 한다. 이러한 종류의 공리가 나오면 충분히 희망을 품을 만하다. 더 이상 단순한 우연이나 동물적 본능에 의존하기보다는 인간의 일치된 노력을 발견의 토대로 삼는다면 더 많은, 더 좋은 발견이 이뤄질 것이다. 그리고 지금은 상상할 수 없을 만큼 많은 것이 발견될 가능성도 농후하다. 자연 속에는 우리가 익히 알고 있는 것과는 차원이 다르고 유추조차 불가능한 수많은 보물들이 실용될 날을 기다리며 묻혀 있으므로 참된 방법만 따른다면 언젠가는 그 모습을 드러낼 것이기 때문이다. 베이컨은 정치적 경력을 쌓느라 바쁜 와중에서도 지식을 확장시킨 자신을 역할 모델로 제시한 다음, 학문의 진보를 크게 지체시켜 온 절망을 제거하고자 한다. 여기까지는 그대로 방치했을 때의 인간 이성, 몇몇 논증, 그리고 여러 가지 이론이나 널리 승인된 철학과 학설에 대해 논박한 〈대혁신〉의 '파괴편'이다. 이 부분은 오로지 그 대상에만 적합한 방법, 곧 오류의 조짐을 드러내고 그 원인을 밝히는 방법으로 진행되었다. 이제부터는 자연의 해석 방법을 다룰 때다. 제1권의 목적은 독자에게 제2권의 내용을 쉽게 이해할 수 있도록 마음의 준비를 시키기 위한 것이다. 그는 지금까지의 노력은 사물 자체가 완전히 이해되기 전까지 일시적으로 필요한 일종의 계약금이라면서 자신이 제시하려는 주장이 알려지기도 전에 좋은 인상을 남기려고 한다.

116-128. 이 부분에서는 혹자들의 시비를 염두에 두고 자기변호를 펼친다. '나'는 철학의 새로운 학파를 세우려고 하는 것이 아니다. 개인적 의견에 불과한 그 같은 이론적인 문제에는 관심이 없고, 보편적이거나 통합적인 이론을 주창하는 것도 아니며, 〈대혁신〉을 생전에 완성할 것이란 기대도 하지 않는다. 다만 인간의 위대함과 능력을 토대로 삼아 후대를 위해 순수한 진리의 씨앗을 뿌려 위대한 사업이 싹을 틔울 수 있기를 바랄 뿐이다. '나'의 방법은 성과와 실험에서 원인과 공리를 이끌어내고, 그 원인과 공리에서 다시 새로운 성과와 실험을 유도해내는 것이다. 평범한 지능과 통찰력을 지닌 사람이라면 누구나 그 실험을 실행에 옮겨 당장 성과를 거둘 수 있지만, '나'는 좀더 커다란 성과를 기대하고 있다. '우리'의 자연지와 그 실험에 가벼운 오류가 있더라도 전혀 문제가 되지 않는다. 곧바로 눈치 챌 수 있고 쉽게 고칠 수 있는 것이기 때문이다. '우리'의 자연지와 실험에는 흔해빠진 것도 들어 있을지 모른다. 그것들의 원인을 밝혀놓지 못하면 드문 현상에 대해서도 판단을 내리지 못하고 새로운 어떤 것도 밝혀낼 수 없다는 사실을

알기 때문이다. 불결하고 저속한 것도 자연지에 수록될 만한 가치가 있다. 불결한 사례들로 인해 자연지가 더러워지는 것은 아니며, 존재하는 한 무엇이든 당연히 지식의 대상이 되어야 하기 때문이다. '나'는 당장 이익을 가져오는 실험보다는 빛―사물의 단순한 본성 자체에 대한 올바른 지식―을 가져오는 실험에만 관심이 있다. 따라서 미세하고 시시콜콜한 문제를 외면하면 자연에 대한 지배권을 얻지 못할 수 있다. '나'의 방법은 모든 일을 확실한 규칙과 논증에 의해 처리하기 때문에 지능의 우열은 문제가 되지 않는다. 남다른 천재성보다는 그 시대의 소산이라는 것. 베이컨이 그 학문의 진정한 목표를 밝히지 않았다는 반론이 제기될 수 있다. 이 탐구에서는 진리와 유용성은 같은 것이지만, 인간의 이성으로 세상의 모습을 있는 그대로 세우려는 목표가 더욱더 중요하다. 베이컨이 고대인들의 방법을 복제하고 있을 뿐이란 주장은 잘못이다. 그들의 방법론은 결함이 있고, 근본적으로 다르다. 중간 단계를 거쳐 차근차근 일반 명제에 도달하기 전에는 함부로 단정하거나 원칙을 세우지 말라는 베이컨의 입장이 불가지론을 조장한다는 생각도 틀렸다. 그의 주장은 감각을 도와주고, 지성을 올바른 길로 인도하자는 것이다. 모든 것을 안다고 생각하면서 알아야 할 것을 모르고 있기보다는 모든 것을 알지는 못한다고 생각하면서 필요한 것은 알고 있는 쪽이 오히려 낫기 때문이다. 베이컨의 방법론은 자연철학뿐 아니라 윤리학, 논리학, 정치학에도 적용될 수 있다. 그러나 베이컨은 당시의 철학, 기술, 여타 학문을 파괴하려는 것이 아니라 그것들이 존중되기를 바란다면서도 그의 새로운 방법을 채택하지 않으면 학문의 진보나 성과를 거둘 수 없다고 주장한다.

129–130. 베이컨은 자신이 세운 목표의 탁월성을 거론한다. 위대한 발견은 인간의 행위 가운데 으뜸이다. 발견의 혜택은 인류 전체에 미치고 영원하지만, 정치적인 혜택은 특정한 장소에 국한되고 기간도 길지 않다. 근대 세계를 바꿔놓은 3대 발명품—인쇄술, 화약, 나침반—을 보면 그 힘과 영향력을 분명히 알 수 있다. 인간의 야망은 세 가지 형태—자기 세력을 자국 내에서 확대하려는 것, 자국의 지배권을 인류 전체로 확대하려는 것, 인류의 힘을 우주 전체로 확대하려는 것—가 있다. 당연히 세 번째 야망이 가장 고귀하다. 기술과 학문이 인간을 사악과 방종으로 이끌어 타락시킨다는 반론은 근거가 없다. 올바른 이성과 건전한 종교가 자연에 대한 인간의 지배권을 온당하게 행사하도록 인도할 것이다. 이제 자연을 해석하는 기술 자체로 넘어가 보자. 해석이란 일단 모든 장애가 제거되면 별다른 기술이 없어도 정신이 자연스럽게 행하는 일인데, 고정관념을 버리고 적당한 시기가 될 때까지 성급한 일반화의 유혹을 물리치면 도달할 수 있다. 다만 그가 제시한 지침을 따르면 그

해석이 한결 쉬워지고 확실해질 것이다.

· 풀어보기

86-92. 여기서는 새로운 자연철학의 탐구를 저해하는 요인들을 분석한다. 베이컨이 그릇된 철학이라고 믿는 궤변적인 철학, 경험적인 철학, 미신적인 철학이 퍼진 데는 대학들의 책임이 크다. 17세기에는 이런 교육기관들에서 유럽 사회의 식자층이 배출되었다. 베이컨도 트리니티 칼리지를 다니면서 아리스토텔레스 철학과 '고대인들'의 저서들이 지닌 엄청난 영향력을 의식하게 되었을 것이다. 대학에서는 새로운 발견들이 서서히 힘을 발휘하던 17세기 후반까지도 아리스토텔레스의 학설을 가르쳤다. 그러나 베이컨은 자연에 대한 전통적인 해석에 도전하는 많은 새로운 발전에 대해서는 대체로 적대적이었다. 이 같은 적의는 부분적으로는 그의 지적 경쟁자들에 대한 비판이지만, 그의 과업에 얽힌 어려움을 깊이 알고 있다는 증거이기도 하다. 완벽한 혁신을 이끌어내지 못하는 현란한 새로운 체계들은 대혁신이란 개념을 무색하게 하고 이 구상 전체를 위험에 빠뜨릴 수도 있기 때문에 이런 가능성에 철저히 대비하는 것이다.

베이컨은 계속 종교의 중요성을 역설한다. 자연철학은 바르게 실천되면 성서를 따르고 미신을 물리치게 해주지만,

광적인 맹신(극단적인 개신교를 의미)은 자연철학을 적으로 삼아왔기 때문에 자연철학의 발전을 가로막았다.

보상의 언급은 제임스 1세를 향한 노골적인 호소라고 할 수 있다. 박식하면서 그런 체계를 지원할 위치에 있는 제임스 왕의 보상은 국왕으로서의 의무나 마찬가지라고 암시하는 것.

이 부분의 핵심적인 관념은 희망이다. 당시의 철학에 대한 베이컨의 분석이 지닌 목표는 진보의 희망을 품을 만한 긍정적인 이유를 드러내는 것이다.

93-100. 오늘날의 과학자들에게는 과학적 탐구가 하느님에게서부터 시작되어야 한다는 생각이 낯설겠지만 베이컨이 이렇게 주장한 속사정은 진지하게 다뤄져야 한다. 그 의도는 그의 귀납적인 방법이 신의 실존 증명에 사용되어야 한다는 것이 아니라 모든 자연 탐구는 자연이 신에 의해 창조되었다고 보아야 한다는 것이다. 자연이 신에게서 비롯되었다는 생각은 모든 탐구에 한계를 설정한다. 우리가 신의 뜻을 이해할 수는 없으므로 자연에는 알 수 없는 부분이 있다는 말이 되기 때문이다. 인간은 자연에 복종해야 한다는 그의 말이 지닌 진의가 바로 이것일 가능성이 높다.

개미와 꿀벌의 비유를 통해서는 자신의 방법이 경험적(또는 증거를 토대로 한) 탐구와 지나치게 이론적인 철학 사이의 중용을 대변한다는 논거를 깔끔하게 보여준다. 그

열쇠는 그가 이미 암시했듯 자신의 새로운 방법을 확립하기 위해 그릇된 철학과 고정관념이라는 바닥을 깨끗이 닦는 일이다. 이 방법의 두 가지 주된 특질은 자연에 대한 모든 사실을 대변하는 포괄적인 자연지와 알맞은 실험들이다. 베이컨은 실험을 자연 탐구의 방식으로서 중시한다. 반면, 아리스토텔레스와 그의 후계자들은 실험을 거의 하지 않았고 실험이라고 해야 기껏 현존하는 관점을 확인하려는 것이었다. 이 같은 실험을 단호히 배척하는 베이컨은 자연에 관한 '새로운' 사실들을 드러내기 위해 실험을 행한다.

101-115. 여기서는 자신의 과학적 방법을 설명하기 시작한다. 사실이나 경험의 단편인 구체적인 사례들이 가령 열(熱)과 같은 하나의 개별적인 자연과 관계가 있는 사실들을 모두 담고 있는 경험의 일람표에 일목요연하게 수집·정리되어야 하고, 어떤 특징을 배제하거나 거부하면 하나의 참된 자연이 드러날 수 있다. 그리고 탐구자는 이 같은 배제 과정에 의해 자신의 주제에 관한 공리를 도출할 수 있다.

다양한 요인들이 베이컨이 자세히 묘사하는 구상의 실행 가능성을 보여준다. 어느 면에서 그는 자신의 구상을 잠재고객들에게 판매하는 철학 외판원 같기도 하다. 개인적인 자신감이 넘쳤기에 자신을 학문의 가능성을 보여주는 하나의 본보기로 삼을 수 있었을 것이다.

이 잠언들에서부터 〈신논리학〉의 실증적이고 수사학

적인 부분이 시작된다. 다른 사람들의 이론을 무너뜨린 다음, 자신의 이론을 자세히 설명하기 위한 터를 닦기 시작하는 것. 그가 이 같은 전개를 독자에게 통보한다는 사실은 그의 구상이 지닌 잠정적이고 임시적인 성격을 부각시키는데, 별도의 부분을 할애할 만큼 자신의 체계가 지닌 가치를 독자에게 납득시키려는 열의가 보인다.

116-128. 베이컨은 이른바 철학적 파당에는 분명히 반대한다. 그는 스콜라 철학, 회의주의, 고대의 학파 등, 과거의 철학 운동은 이루어놓은 것이 거의 없다고 생각하기 때문에 자신의 체계를 그들의 실패와 분리시키려고 노력하는데, 그의 목표는 추종자 규합이나 심지어 그의 구상을 완성시키는 것이 아니라 교육받은 대중에게 그 구상의 가치를 납득시키고 부분적으로는 구상의 초기 단계에서 〈신논리학〉을 출판하기로 결정한 속사정을 설명하는 것이다.

그는 자연지에는 자연에 관한 모든 사실이 포함되어야 가치가 있다는 생각을 토대로 자신의 자연지를 옹호한다. 그가 말하는 '불경스런' 일에는 성의 역사나 냄새들의 역사가 포함될 수 있는데, 두 가지는 이 책의 끝에 나오는 자연지의 잠정적인 개요에서 나타난다. 자연지에는 자연 세계 전체뿐만 아니라 기계와 기술처럼 자연 세계에 대한 인간의 개조도 포함되어야 한다.

이 대목은 베이컨이 지닌 지식과 실질적 혜택에 관한

견해 사이의 복잡한 관계를 드러낸다. 그는 자신의 구상에 끌어들이려고 하는 사람들이 새로운 발명품들 같은 눈앞의 실질적인 혜택을 요구할 것을 알면서도 그런 혁신을 높이 평가하지 않는다. 지식만이 그의 주된 목표이기 때문이다.

여기서 중요한 것은 평등 관념이다. 모든 탐구자는 베이컨의 방법을 따르기만 한다면 본질적으로 동등하다. 그의 방법은 운용자가 특별한 기술 없이도 조작할 수 있는 기계와 같다. 이런 점은 베이컨이 비난한 개인의 기술이나 기량이 매우 중요하게 여겨졌던 연금술을 비롯한 17세기의 여타 '학문들'과 대비된다. 연금술사는 실험이 실패하면, 그의 방법이 틀려서가 아니라 그의 기법과 기량이 좋지 않았기 때문이라고 생각했다. 베이컨은 그 과정에서 이러한 기량이란 요소를 제거함으로써 자연철학을 모든 교육받은 사람들이 닿을 수 있는 곳에 두려고 한다.

베이컨은 자신의 방법에 대해 제기될 수 있는 몇 가지 잠재적인 반박에 대해서도 대답한다. 자신의 혁신 구상이 결국에는 윤리학과 정치학 같은 분야로 확대될 것이라고 밝히면서 자신의 체계는 당시의 자연철학이나 여타 학문들과 공존할 수 있다고 주장하는 것. 그러나 그의 주장을 액면 그대로 받아들여서는 안 된다. 비록 자신의 방법은 제대로 따르기가 어려울 수 있다는 점을 인정하면서도 결국은 그 방법이 우세해지기를 바랄지도 모르기 때문이다.

129-130. 베이컨은 자신의 목표를 한층 더 추켜세운다. 자신의 구상을 다른 사람들이 지지하도록 부추기려고 드는 것이다. 그는 실용적인 발명품이자 새로운 지식을 의미하는 위대한 발견이 인간의 행위 가운데 으뜸이라고 찬양한다. 정치적인 혜택은 특정한 장소에 국한되고 고작해야 2, 3대에 그칠 뿐이며 대개 폭력과 혼란이 수반되지만, 발견의 혜택은 전 인류에게 미치고 영원하며 아무도 해치거나 괴롭히지 않는다는 것. 이를테면, 고대인들이 몰랐던 인쇄술, 화약, 나침반은 각각 학문, 전쟁, 항해술의 혁신으로 세상을 바꾸면서 수많은 변화를 가져왔다. 당시는 정치적·문화적으로 격동의 시대였으며, 17세기의 근대적인 국가 체제의 발전은 이들 3대 발명품 덕분이었다. 비록 베이컨은 그런 발명품들의 전반적인 가치에 대해서는 의심했지만, 기술적인 진보의 힘은 예리하게 알고 있었다.

이제 모든 장애물을 제거했고 독자에게 자신의 구상이 지닌 가치를 확신시켰다고 믿는 베이컨은 제2권에서는 자신의 방법을 더욱 상세히 전개하려고 들 것이다.

Book 2
잠언 1–21

1–10. 어떤 물체에 새로운 본성을 부여하거나 추가하는 것은 인간의 힘이 해야 할 일이다. 어떤 물체가 지닌 본성의 형상을 발견하는 것은 학문이 해야 할 일이다. 이들 두 가지 일에는 각기 부차적인 과업이 한 가지씩 따른다. 인간의 힘은 구체적인 물체를 가능한 한도 내에서 다른 물체로 바꿔야 한다. 학문 역시 모든 물체의 생성과 운동 속에 숨어 있는 '잠재적인 과정'을 찾아내고, 정지한 물체에서는 '잠재적인 구조'를 찾아내야 한다. 아리스토텔레스 철학이 내세우는 네 가지 원인의 관념, 즉 질료인(質料因), 형상인(形相因), 작용인(作用因), 목적인(目的因)은 실용적인 학문에는 전혀 도움이 되지 않는다. 형상을 발견해야 비로소 올바른 이론이 성립하고 자유로운 작업이 가능해진다. 어떤 물체에 어떤 본성을 부여하거나 추가할 경우에는 우리가 어떤 규칙이나 지침을 가장 원하고 있는지 살펴보고

그것을 이해하기 쉬운 평범한 말로 나타내야 한다. 따라서 완벽한 작업 규칙이 되려면 '확실하고, 선택적이고, 실용적'이어야 한다. 이것은 참된 형상을 발견하는 작업에 대해서도 마찬가지다. 형상이란 그 본성 전체에 내재하는 것으로서 그 본성이 현존하면 항상 현존하면서 언제든 그 본성의 현존을 확인할 수 있도록 해준다. 따라서 어떤 본성의 형상은 항상 그 본성의 존재 여부에 따라 생겨나거나 사라진다. 참된 형상은 탐구대상인 본성을 여러 개의 본성 안에 존재하는 본질의 어떤 근원으로부터 도출해낸다.

물체를 변화시키는 문제에 관한 규칙 혹은 공리는 두 가지다. 제1의 규칙은 물체를 단순 본성들의 집합체 또는 결합체로 보는 것이다. 이 작업 방식은 자연 가운데 불변하고 영원하고 보편적인 것(단순 본성)에서 출발하여 인간에게 인간의 사유가 전혀 이해할 수 없고 생각지도 못한 엄청난 기회를 제공한다. 제2의 규칙은 자연에서 존재하는 그대로의 물체로부터 출발한다. 이러한 탐구는 물체의 생성뿐만 아니라 자연의 다른 운동과 활동에도 적용된다.

이 잠재적인 과정은 인간의 정신으로 쉽사리 알아낼 수 없고 감각으로는 잘 이해할 수 없는 연속적인 것이다. 이를테면, 모든 물체의 생성과 변화 과정에서 소멸한 것은 무엇이며 남은 것은 무엇인지, 팽창하는 것은 무엇이고 수축하는 것은 무엇인지, 지배하는 것은 무엇이고 복종하는 것은 무엇인지 따위를 탐구해야 한다. 그러나 현재의 학문은 이런 것들을 하나도 제대로 알지 못한다. 자연의 모든 작용이 미립자들 사이에서 일어나므로 그것들을 적절한 방법으로 파악하고 관찰하지 않으면 자연을 지배하거나 변화시킬 수 없다. 물체들 속에 숨어 있는 잠재적 구조를 발견하는 문제도 새로운 일이다. 어떤 물체를 완전히 모르면 그 물체에 새로운 본성을 부여할 수 없고 새로운 물체로 변화시킬 수도 없다. 어떤 물체의 잠재적 구조는 1차적인 공리를 통해 발견될 수 있다. 어떤 탐구가 단순 본성에 근접할수록 모든 것은 더욱 명료해진다. 형상은 최소한 이성과 그 자신의 법을 따른다는 점에서 영원불변한 것이라고 할 수 있기 때문에 형상에 대한 탐구는 형이상학을 구성하고, 작용인과 질료인 및 잠재적 구조와 잠재적 과정에 대한 탐구는 자연학(물리학)을 구성한다. 이들 학문 분야에는 각각 실천적인 학문이 딸려 있다. 자연학에는 기계학, 형이상학에는 기계학에 비해 자연에 대한 지배력이 훨씬 크고 광범위한 마술이다. 자연을 해석하기 위한 지침에는 두 부분이 있다. 하나는 경험으로부터 공리를 이끌어내기 위한 것이며, 또 하나는 공리로부터 새로운 실험을 유도해내기 위한 것이다. 전자의 경우에는 1) 그 바탕은 견실하고 정확한 자연지의 편찬이다. 2) 잡다한 내용이 섞여 있는 자연지나 실험지는 지성이 다룰 수 있도록 사례들을 정리하여 일람표로 만들어야 한다. 그런데 지성은 적절히 지도하고 보호해 주어야 공리를 세울 수 있다. 따라서 참된 귀납법이야말로 자연을 제대로 해석할 수 있는 열쇠인 것이다.

11-21. 형상을 탐구하려면 우선 탐구대상인 본성에 대해 질료는 전혀 다르지만 본성이 같은 기존 사례를 모두 수집하여 순서에 따라 지성 앞에 제시해야 한다. 열(熱)의 본성 탐구를 예로 들어보자. 첫 일람표는 '열의 본성에 일치하는 사례들'로서 이른바 '존재와 현존의 일람표'다. 둘째, 탐구대상인 본성을 결여하고 있는 사례들을 제시해야 한다.(두 번째 일람표의 내용) 그러나 부정적 사례는 긍정적 사례로 분류될 수 있을 것 같은 사례들 중에서 찾아야 하며, 탐구대상인 본성이 나타나는 물체들과 밀접한 연관을 지닌 사물들 중에서 그 본성을 결여한 경우를 탐구해야 한다. 따라서 이 표는 소위 '밀접한 연관을 지닌 사례들 가운데 일탈 혹은 부재의 일람표다. 셋째, 탐구대상인 본성이 서로 정도가 다르게 존재하는 사례들을 제시해야 한다. 이것은 동일한 대상을 놓고 그 본성의 증가와 감소를 비교하는 방식이나, 아니면 여러 대상을 놓고 그 본성의 정도 차이를 비교하는 방식으로 진행될 수 있다. 어떤 본성도 그 본성의 증감에 따라 똑같이 증감하지 않는다면 참된 형상이라고 여겨서는 안 된다. 이것은 소위 '정도일람표' 또는 '비교일람표'다. 세 가지 표의 임무와 기능은 지성에 사례들을 제시하는 것이다.

이 일을 마친 다음에는 귀납법이 개입할 차례.

인간의 지성은 부정적 사례에서 출발하여 하나하나 배제하고 나서야 긍정적 사례에 도달할 수 있다. 참된 귀납법이 맨 먼저 해야 할 일은 탐구대상인 본성이 존재하는 사례에서 발견되지 않는 특이한 본성들을 찾아내 배제하는 것이다. 거부와 배제가 제대로 수행되고 나면 주어진 본성에 맞는 형상이 남을 것이다. 베이컨이 지칭하는 '형상'은 당대에 생각하던 형상(복합 형상 또는 추상 형상)이 아니라 어떤 질료나 물체 속에 들어 있는 단순 본성이 그 물체를 구성하고 규제하는 활동 법칙과 한계들이다. 베이컨은 이제 열의 형상을 통해 본성을 배제하는 사례들을 제시한다. 형상에 대한 추론은 모순된 사례가 하나만 나와도 무너진다.

참된 귀납법은 배제를 토대로 하지만, 긍정적 사례표가 나와야 완성된다. 베이컨은 이제 지성을 도와줄 수 있는 좀더 강력한 보조수단들을 제시한다. 자연을 해석할 때 정신은 확실성의 정도를 분별할 줄 알아야 하며, 또 지금 앞에 놓여 있는 자료들의 신빙성이 장차 이루어질 연구 결과에 따라 크게 좌우된다는 것도 명심해야 한다. 진리는 혼란보다는 오류에서 얻을 수 있는 것이기 때문에 세 가지 일람표—존재표, 부재표, 정도표—를 작성하고 검토한 다음에는 정신이 자연을 해석하도록 내버려두는 것이 좋다. 베이컨은 이것을 일컬어 '지성의 권한 위임' 또는 '해석으로의 최초

접근' 또는 '첫 수확'이라 하고, 형상의 본성을 가장 분명하게 드러내는 사례를 '명시적인 사례' 또는 '현저한 사례'라고 부른다. 다음에 이어질 단계는 특권적 사례들, 귀납의 지주(支柱)들, 귀납의 정정, 주제의 본성에 따른 탐구의 변화, 탐구에 관한 특권적 본성들, 탐구의 한계들, 귀납의 실천적 응용, 탐구를 위한 준비, 공리의 상승적 단계와 하강적 단계 등이다.

·풀어보기

1-10. 베이컨은 형상, 본성, 그리고 그것들을 변화시키는 다양한 방법에 대한 논의부터 시작한다. 열이나 빛과 같은 단순 본성은 복합적인 물체를 구성하는 기본적인 건축용 벽돌이다. 복합적인 본성은 하나 이상의 본성으로 구성된 복잡한 구조다. 추가란 기초적인 건축용 벽돌들을 모아 어떤 물체에 하나의 새로운 본성을 부여한다는 말이다. 가령, 연금술사는 (저급한 금속을 황금으로 바꾸기 위해) '은(銀)'이란 본성에 노란 색깔을 덧씌우려고 시도한 것으로 볼 수 있다.

형상은 어떤 본성을 설명하는 본질적인 용어로서, 그 본성을 이해하는 열쇠이지 아리스토텔레스가 제시하는 형상인, 질료인, 작용인, 목적인으로 이루어지는 형상들의 복잡한 체계가 아니다. 형상은 본질적인 용어이기 때문에 항상 주어진 본성과 함께 존재해야 한다. 가령, 단단함은 어떤 본성의 형상이 될 수 있으므로 그 형상이 존재하지 않으면 그 본성을 확인할 수 없을 것이다.

힘은 물체의 본성을 변화시키거나 다른 본성들과 결합시키는데, 이것은 실험의 특징들 가운데 하나이며 실용적인 발견으로 이어질 수 있다. 그러나 필요한 작업을 수행하려면 유익한 지침들이 필요하다.

관련된 형상을 밝혀내고 물체를 변화시키는 것이 과학적 작업의 핵심이다. 베이컨은 두 종류의 작업을 구별한다. 하나는 단순 본성에 행해지는 작업이고, 또 하나는 복합적인 본성에 행해지는 작업이다. 후자의 작업은 잠재적 과정과 잠재적 구조라는 아주 새로운 두 가지 과학적 개념에 따라 수행된다.

복합적인 본성은 단순 본성보다 복잡하기 때문에 그 속에서는 복합적이고 대개는 숨겨진 수많은 과정과 변화들이 생긴다. 이를테면, 동물 안에서는 생식과 성장이 일어난다. 이 같은 잠재적 과정은 내적이며, 따라서 감각으로는 파악하기 어렵다. 그 과정을 발견하려면 성장, 위축, 온도 변화 같은 다양한 변화를 검토해야 한다.

잠재적 구조를 탐구하고 발견하는 일도 잠재적 과정과 형상의 발견 못지않게 어렵다. 그것은 물체들의 심층적 구조이며 철(鐵) 같은 복합체들이다. 잠재적 구조를 발견하려면 탐구자는 눈에 띠지 않는 해부적 구조도 탐구해야 한다.

11-21. 베이컨은 열을 예로 삼아 하나의 단순 본성을 발견하기 위한 절차를 설명한다. 첫째, 탐구대상인 열의 본성에 일치하는 모든 사례를 하나의 표로 작성한다. '해,' '불타는 혜성,' '가열된 액체,' '축축한 푸성귀,' '말똥,' 등 28가지의 예는 본질적으로 사물이나 물체들, 심지어는 문제의 본성을 보여주는 상황들이다.

다음 단계는 부정적 사례들, 이 경우에는 열의 본성을 결여하고 있는 사례들을 검토한다. 열이 없는 사례는 아주 많기 때문에 그가 이미 기록한 사례들에 대응하는 부정적 사례들로 범위를 좁혀 제시한다. 따라서 두 번째 일람표는 열을 발산하지 않는 천체, 액체 일반의 자연적 성질 자체 등의 사례로 이루어지는데, 열의 본성이 현존하는 사례에서 갈라진 것들이다.

세 번째 일람표는 열의 본성이 다른 정도로 존재하는 사례들을 수집하여 작성한다. 이러한 비교의 정도는 형상이나 본성 자체를 발견하는 데 중요하다. 왜냐하면, 어떤 본성 자체가 바뀌어 하나의 참된 형상으로 여겨지려면 하나의 사례가 늘거나 줄어들어야 하기 때문이다. 이렇게 어떤 본성과 직접 연관되는 사례들만 형상이라고 볼 수 있다.

탐구자는 이들 세 가지 일람표가 완성되어야 그 표들

을 분석할 수 있다. 일람표들의 취합은 모든 증거를 사용할 수 있도록 만드는 방법적이고 신중한 방식이며, 궁극적으로는 베이컨이 제안하는 포괄적인 자연지에서 도출될 것이다. 또 하나 중요한 사실은 지성 앞에 증거를 제시하기 위해 표들을 준비한다는 것은 열의 형상 같은 어떤 보편적 진리를 가정하는 삼단논법의 방법과는 엄청나게 다르다는 점이다. 베이컨의 방법은 경험에서만 출발하고, 그 같은 공리들을 처음부터 새롭게 세우려고 하는 것이다.

다음 단계는 배제 과정이다. 귀납의 방법은 많은 양의 원자재에서 시작하여 하나의 정의(定義)에 이를 때까지 그것들을 점차 배제해나간다. 문제가 되는 본성을 지닌 사례들이 배제되고 나면 첫 수확, 또는 예비적 정의가 시도될 수 있다. 예비적 정의란 제시된 자료들을 매우 개략적으로 해석한 것에 불과하지만, 베이컨은 오류를 드러내기 때문에 유용할 수 있다고 믿는다. 그리고 첫 해석이 터무니없이 부정확할 경우에는 지성이 개입하여 바로잡을 수 있다.

베이컨은 이제 다음 단계를 설명하지만, 제시하는 일곱 가지 주제 가운데 제2권의 나머지 부분에서는 특권적 사례의 개념만 논의한다.

잠언 22-52

22-52. 특권적 사례는 여러 가지 모습으로 나타난다. (1) 고립 사례. 탐구대상인 본성을 다른 물체와 공유하고 있지만 그 이외에는 어떤 본성도 공유하지 않는 물체, 또는 탐구대상인 본성을 보유하지 않지만 그 이외에는 다른 물체와 모든 것이 유사한 물체에서 볼 수 있는 사례. (2) 변환 사례. 탐구대상인 본성이 처음에는 존재하지 않다가 갑자기 생성되는 경우 또는 처음에는 존재하다가 갑자기 소멸된 경우. 긍정의 과정을 촉진하는 좋은 방법이다. (3) 명시 사례. 탐구대상인 본성을 적나라하게 독립적으로 그 힘의 최고 수준에서 보여주는 사례. (4) 은닉 사례. 탐구대상인 본성이 반대 본성 때문에 은폐되는 사례. 명시 사례와 거의 반대되는 사례라고 할 수 있다. (5) 구성 사례. 탐구대상인 본성에 속한 하나의 종(種), 다시 말해 그 본성을 이루는 하위의 형상을 구성하는 사례. 본성을 정의하고 구분하는 데 기여하기 때문에 중요하다. (6) 유사(類似) 사례. 실재 대

상인 사물들 사이의 닮은 점을 구체적으로 명시하는 사례. 본성의 통일성을 보여주는 최초·최하의 단계와 같은 것이다. (7) 단독 사례. 동종의 다른 사물들과 거의 공통점이 없는 물체를 구체적으로 보여주는 사례. 불규칙성이나 단독성도 공통의 형상에 의지한다. (8) 일탈 사례. 상궤에서 벗어난 자연의 모습들. 이를테면, 자연의 오류나 진귀하고 기묘한 것들. 종의 기묘함(단독 사례)이라기보다는 개체의 기묘함이다. (9) 경계/분사(分詞) 사례. 두 종이 합성된 것 또는 두 종 사이에서 싹으로 여겨지는 종류의 사물을 보여주는 사례. (10) 힘의 사례. '인간의 지혜' 또는 '인간의 솜씨'라고 부르며, 인간의 모든 기술이 총동원된 최고의 걸작. 자연을 인간의 필요에 봉사하도록 하기 위해서는 유용한 교양학과 기계적인 기술을 하나하나 철저히 검토한 다음에 가장 완전한 작품만을 선별하여 기록해 놓을 필요가 있다.

(11) 동반 사례와 반목(反目) 사례. 탐구대상인 본성을 항상 따라다니는 물체와 그 본성을 항상 회피하고 배척하는 물체 또는 구체적 사물. 동반 사례는 어떤 본성이 그 물체의 한 요소로 들어가거나 거부된다는 사실을 알려줌으로써 긍정적 사례의 범위를 좁혀준다. (12) 추가 사례. 본성의 진정한 구분과 사물의 척도, 본성의 작용이 지닌 한도, 하나의 본성이 다른 물체로 이동하는 것 등을 보여준다. (13) 동맹 사례와 합일 사례. 기존 분류체계에서 이질적인 것으

로 구분·기록되어 있는 본성을 혼합하고 합일하는 사례. 하나의 이질적 본성에만 속한다고 생각되던 작용이나 효과가 다른 이질적 본성에도 있다는 것을 보여줌으로써 서로 다르다고 간주되었던 본성들을 하나로 합친다. (14) 이정표 사례/ 결정적 사례. 여러 개의 본성 가운데에서 탐구대상인 본성의 원인을 결정하기 어려울 때, 어떤 것이 영구불변하며 어떤 것이 일시적이고 변하는 것인지를 보여준다. 따라서 후자는 버릴 수 있다. (15) 이별 사례. 가장 흔히 일어나는 본성들의 분리를 보여준다. 어떤 본성과 그 본성이 가장 흔하게 발견되는 구체적인 실체를 분리해 인식할 수 있게 해주지만, 어떤 결정을 할 수 있도록 해주지는 않는다. 이 사례들의 가치라면 거짓 형상을 밝혀내는 것이다.

지금까지는 지성을 도와주는 사례들이며, 다음 다섯 가지 사례는 감각의 결함을 보충한다. (16) 개문(開門) 사례. 감각기관의 직접적 작용을 도와준다. 정보 획득에는 시각이 가장 중요하며, 시각을 돕는 방법은 세 가지—보이지 않던 것을 보이게 하는 것, 더 멀리 볼 수 있도록 해주는 것, 더 정확하고 분명히 알 수 있도록 해주는 것—가 있다. (17) 소환 사례. 이전에는 보이지 않던 것이 나타나도록 소환한다. 감각될 수 없는 것들을 감각될 수 있게 해준다. (18) 행로(行路) 사례. 불연속적으로 계속되는 자연의 운동을 나타내는 사례. 이 운동은 감각기관에 의해 파악되지 않는 것이라기보다는 잘 관찰되지 않는 것이라고 할 수 있다. 가령, 알의 부화를 탐구할 경우에는 알이 어떻게 수정되어 생명이 싹트는지 관찰해야 한다. (19) 보충 사례/ 대체 사례. 감감으로서는 도저히 방법이 없을 때 필요한 정보를 보충해 주거나 대신 사용할 수 있는 사례. 적합한 사례를 구할 수 없을 경우에 의지한다. 대체 사례는 점차적 접근에 의한 방법과 유추에 의한 방법이 있다. (20) 해부 사례. 자연의 신비함을 일깨워주고 인간의 지성이 주의 깊게 관찰하고 탐구하도록 환기시키는 사례. 예를 들면, 금을 도금한 은 조각을 늘이면 금도금한 기다란 실이 되는 것.

다음 사례들은 이 기획의 응용 부분에 특별히 유익한 것들로서 실천 사례라고 통칭할 수 있으며, 수학적 사례/ 측정 사례와 호의 사례로 나누어진다. 물체의 힘과 작용은 공간·시간·양·에너지의 관점에서 규정되고 측정되는데, 오류가 생기면 아무리 훌륭한 학문이라도 작업 현장에서는 무용지물이다. 이와 관련된 네 가지 사례가 수학적 사례다. 호의 사례는 재료와 장비를 경제적으로 운용하거나 인간에게 꼭 필요한 일에 한정해서 작업하는 것이다. (21) 척두 사례/ 한계 사례. 사물의 힘과 운동은 언제나 특정한 공간에서 일어나고 작용한다. 따라서 어떤 본성을 탐구할 때는 이 같은 사실을 잘 알고 관찰해야 한다. (22) 경과(經過) 사례. 시간의 길이로 자연을 측정하는 것. (23) 양의 사례.

물체의 양으로 물체의 힘을 측정하여 물체의 양에 따라 그 힘의 작용 방법이 어떻게 다른지를 보여준다. (24) 투쟁 사례. 여러 힘 가운데 어느 힘이 세고 약한지, 어느 힘이 강해 지배하고 어느 힘이 약해 굴복하는지를 보여주는 사례. 물체의 운동은 물체 자체와 마찬가지로 서로 뒤엉키기 때문에 우열을 비교하려면 운동 또는 능동적인 힘의 종류부터 살펴보아야 한다. 베이컨은 주요 운동의 종류—저항운동, 결합운동, 자유운동, 질료운동, 연속운동, 획득운동, 대집합운동, 소집합운동, 자력(磁力)운동, 기피운동, 동화운동, 자극운동, 인상(印象)운동, 배치운동, 통로운동, 통치운동, 자발적 회전운동, 진동운동, 휴식운동—를 설명하면서 각각의 운동이 지닌 강점을 보여준다. 우리는 일부 운동이 왜 다른 운동을 지배하고 또 물러나는지 그 이유를 탐구해야 한다.

(25) 암시 사례. 인간에게 이로운 것이 무엇인지 보여 준다. (26) 다목적 사례. 여러 가지 사물들과 관계되는 점이 많고 자주 벌어지는 사례. 새롭게 시도하지 않아도 좋게 만들어주기 때문에 적잖은 노력을 덜어준다. (27) 마술적 사례. 질료인이나 작용인은 미미하지만 결과는 엄청난 사례. 기적과 같은 것인데, 자연이 기적을 행하는 경우는 극히 드물다.

이상의 27가지가 특권적 사례 또는 1급 사례다. 이 책에서 다루는 것은 철학이 아니라 논리학이지만, 이 논리학은 추상적 관념을 낚는 여느 논리학과는 달리 정신이 자연을 있는 그대로 철저히 해부하고 물체의 힘과 순수 활동 및 자연에 드러난 법칙을 발견하도록 훈련시키는 것이 목적이다. 따라서 이 학문은 정신의 본성과 사물의 본성에서 비롯된다. 특권적 사례들의 장점은 이론적인 것, 실용적인 것, 양쪽 모두인 것도 있다. 이론적인 면에서는 지성이나 감각 기관을 도와주고, 실용적인 면에서는 실천을 지시하거나 조장하거나 측정한다. 27가지 사례들 가운데에는 당장 수집되어야 하는 것도 있고, 일람표가 작성된 뒤에 수집해도 되는 것이 있다. 베이컨은 이제 귀납의 지주(支柱)와 정정, 구체적 사물들, 잠재적 과정과 잠재적 구조를 살펴보려고 한다. 인간의 지성이 성년에 이르러 보호의 손길을 벗어나게 되면 인간의 상태는 개선되고 자연에 대한 인간의 힘도 확대될 것이다. 인간은 원죄로 인해 자연그대로의 순진한 상태와 피조물에 대한 지배력을 잃었지만, 종교 및 기술과 학문에 의해 어느 정도는 회복될 수 있다.

:풀어보기

　　베이컨의 귀납법에서 다음 단계를 대표하는 것이 바로 특권적 사례들이다. 일람표들이 작성되고 '첫 수확' 또는 해석이 이루어진 뒤에도 탐구자가 지닌 그림은 여전히 흐

릿하다. 자신이 찾고 있는 것이 무엇인지 어렴풋이 알지는 모르지만, 확고한 증거는 없는 것이다. 이런 상황을 규명하는 데 도움을 주는 것이 특권적 사례들이다. 베이컨이 많은 지면을 할애하여 하나하나 자세히 설명하는 특권적 사례는 모두 유사한 특징을 지니고 있다.

특권적 사례는 탐구대상인 본성에 관해 특히 분명한 방식으로 그 본성을 드러내 탐구자가 찾고 있는 형상을 좀 더 빠르고 확실하게 발견할 수 있도록 해주는데, 또 다른 실험을 암시할 수도 있는 실험을 시행하는 탐구자나 그의 조수들에게 의존한다. 일부 학자는 특권적 사례의 역할을 개별적인 법률 사건의 역할에 비교하기도 했다. 일반 규칙이나 관념이 확립되고 나면, 특권적 사례들은 이 같은 일반적 금언의 지위를 다듬고 정의한다는 것이다. 한 걸음 더 나아가 베이컨의 귀납적 방법이 대체로 법률가이자 정치가로서 겪은 그의 경험에서 유래한다고 암시하는 학자도 있다.

특권적 사례를 찾기 위해서는 실험의 역할이 중요하다. 흔히 세심하게 구상된 실험만이 귀납 과정을 진전시킬 핵심적 사례를 드러낼 것이다. 베이컨은 이 부분에서 팽창하는 기체, 열의 팽창, 온도계를 포함하는 몇 가지 실험을 묘사하고 논의하며, 조수(潮水)의 작용, 현미경, 자기(磁氣) 등, 당대의 주요 과학적 문제들을 다룬다. 17세기의 많은 식자층 신사들은 자연철학의 문제에 대해 일시적 관심을 보이기는 했으나 베이컨은 특히 해박한 지식을 가졌던 것 같다. 이것은 베이컨의 귀납적 방법이 실험과 '실용적' 학문뿐만 아니라 이론을 바탕으로 한다는 사실을 강조한다.

가장 흥미로운 특권적 사례의 유형 하나는 이정표 사례(결정적 사례)다. 이정표 사례는 귀납 과정에서 지성이 여러 개의 본성 가운데 탐구대상인 본성의 진정한 원인을 결정할 수 없을 때 중대한 시점에 이르는데, '성공과 실패'가 걸린 바로 이 순간에 이정표 사례와 연관된 종류의 실험이 어떤 본성을 선택해야 할지 정확히 알려준다. 다시 말해, 이정표처럼 탐구자에게 길을 가리켜주는 것.

특권적 사례는 감각을 도와 정확한 결론을 이끌어내도록 하거나 뒤이어 정확한 실험이 이루어지도록 암시할 수 있다. 비록 그 사례들이 사물을 자세히 규명할 수 있다고 하더라도 베이컨의 방법적 절차에서는 다음 단계에 불과할 뿐이다. 귀납 과정 전체는 보석 가공처럼 생각해야 한다. 즉 탐구자는 원석덩어리에서 시작하여 점점 더 정교한 과정들을 거치면서 깎아내 바라던 결과에 도달하는 것.

그러나 〈신논리학〉은 특권적 사례들 이후에 이 과정을 전개할 방법에 대해서는 아무것도 보여주지 않는다. 제2권의 말미에서는 귀납법에 대한 추가적 지주들이 적용될 필요가 있다는 생각 이외에도 몇 가지 단서들이 암시된다. 정확히 어떤 방법에 의해 그의 귀납적 방법이 공리를 낳는지는 분명하지 않다. 제2권은 베이컨의 입장에서 자신의 구상이 완결되었을 경우에 가능해질 인간 상태의 개선에 대한 감동적인 언급으로 끝을 맺는다. 자연에 관한 지식이 늘어나면 아담과 이브 이후에 에덴동산에서 일어난 인간의 타락을 만회할 수 있는 혜택을 낳을 것이라고 믿는 것이다. 베이컨의 당대인들 가운데에는 이 견해를 대놓고 반박한 사람들이 많았다. 안타깝게도 〈신논리학〉의 나머지 부분은 단편적으로만 남아 있다.

Outline of a Natural and Experimental History
자연지와 실험지의 개요

베이컨은 완벽한 자연지 작성이라는 방대한 구상의 개요는 다른 사람들의 참여 여부를 알아보기 위해 그의 작품에서 일찌감치 출간되고 있다고 말한다. 자신이 구상한 방법론을 신중히 요약해서 제시하는 이유는 다른 사람들이 필요한 자료를 일부나마 수집해 줄 수 있을지 알아보기 위해서다. 그 같은 자연지가 완성되면 자연과 학문에 대한 탐구는 간단한 일이 될 것이다. 베이컨은 이러한 초기 자연지를 1차적 자연지라고 부른다.

자연은 세 가지 상태로 존재하며, 세 종류의 체제를 인정한다. 자연은 자유롭게 정상적인 과정을 따라 전개되거나, 질료의 공격과 장애물의 힘에 의해 정상적인 상태에서 벗어나거나, 인간의 기술과 행위에 의해 제약되고 형태를 취한다. 첫 번째 상태는 사물의 '종', 두 번째 상태는 '변종', 그리고 세 번째 상태는 인공적인 사물과 연관된다. 따라서 자연지의 형식은 세 가지이고, 각각 자연의 자유, 자연의 오류, 자연의 속박을 다루지만 모두 함께 취급해야 한다.

　자연지의 주제는 세 가지이고, 용도는 두 가지다. 자연지는 게재된 사물들에 대한 지식을 얻기 위해, 또는 철학의 첫 질료나 참된 귀납법의 소재로 이용된다. 후자—철학의 첫 질료나 귀납법의 소재—의 용도는 베이컨 이전에는 논의된 적이 없었다. 후대의 역사 작가들은 참된 공리의 공식화를 위해 커다란 창고를 짓는 것이 그들의 목표임을 명심해야 한다. 그러나 사람들은 작업량은 많아지고 질은 개선하지 못하는 세 가지 일에는 노력을 기울이지 않도록 경계해야 한다. 1) 과거의 성과에 기대거나 권위 있는 출전들, 논쟁들, 반대되는 견해를 인용하는 것. 2) 흥미롭지만 쓸모가 거의 없는 사소한 변종을 다루는 것. 3) 미신적인 이야기와 의례적인 마술의 실험에 신경 쓰는 것. 우리는 단지 창고나 저장 공간을 건설할 뿐이기 때문에 장식은 필요 없다.

　자연지나 실험지는 광범위해야 하며, 종의 생성, 변종, 그리고 기술과 실험들을 모두 포함해야 한다. 가장 유용한 '역사'는 운동하는 사물을 보여주고 곧바로 실천으로 이어지는 기술지다. 기술지는 숨겨져 있는 자연적인 사물의 실체를 밝히기도 한다. 바람직한 기술은 자연적인 물체와 사물의 재료를 제시하고 바꾸는 것이다. 손과 도구의 미묘한 운동으로 이루어지는 기술은 가치가 조금 떨어진다. 우리는 기술의 형식과 관련되는 실험뿐만 아니라 대두되는 모든 실험 형식도 검토해야 한다. 여기에 포함될 수 없을 정도로 '저속한' 일이란 없다. 자연적인 물체와 힘을 지닌 사물은 모두 그 숫자를 세고, 무게를 달고, 측정하고, 결정해야 한다. 신뢰할 수 있는 증거는 기록하고, 의심스러운 증거는 재조사하고 의심해 보아야 하며, 신뢰할 수 없는 증거는 제거해서 더 이상 학문을 괴롭히지 않도록 해야 한다.

해석자가 자연지를 더욱 유용하게 쓸 수 있도록 해주는 특성들. 1) 탐구를 좀더 발전시키도록 자극하는 질문들을 추가한다. 2) 복잡하고 미묘한 실험의 경우에는 생산된 정보의 신뢰도를 판단할 수 있도록 실제 방법을 첨부한다. 3) 의심스러운 특성에 대해서는 분명한 기록을 경고로 첨부한다. 4) 임시 관찰을 첨가해도 된다. 규범적 관찰(보편적이고 일반적인 관찰)을 이용하면 좋다. (예전에는 없었지만) 존재하지 '않는' 사실에 대한 설명을 첨가하는 것도 중요하다. 이를테면, 별은 삼각형이 없다는 사실. 5) 믿는 사람을 우울하게 만들고 파괴하는 어떤 것에 대한 검토. 이를테면, 모든 학파에서 믿고 있는 통속적인 의견들.

이 같은 일반적 지침들이 지켜진다면 이 역사적인 과업은 곧바로 그 목표를 향해 나아갈 것이며, 너무 방대해지지 않을 것이다. 간략함은 자연의 법칙에 의해 부과된다. 베이컨은 다른 사람들이 자연에 대해 더 많이 알기까지는 그들을 믿을 수 없기 때문에 직접 중요한 힘들의 자연지를 작성하고자 하며, 말미에는 구체적인 자연지들의 제목 목록을 첨부한다. 그에게 시간이 더 있다면 각 자연지에서 대답해야 할 질문들에 대해 상세한 지침을 제시할 것이다.

풀어보기

〈신논리학〉 서두에 제시된 '대혁신'의 구상처럼 이 개요에서는 그의 방대한 기획이 취할 방향을 암시하려고 한다. 이 개요는 1620년에 〈신논리학〉과 함께 출판되었다. 그러나 1622년에 〈바람의 자연지 *Historia Ventorum*〉와 〈삶과 죽음의 자연지 *Historia Vitae et Mortis*〉는 출간되었지만 자연지를 위한 그의 구상은 실현되지 못했다.

베이컨의 구상에서 가장 인상적인 특징은 방대한 범위다. 자연지 속에 일반적인 상태는 물론, 자연의 변종과 인간에 의해 모습이 갖춰진 자연까지 자연의 모든 양상을 망라하려고 했던 것. 특히 흥미로운 부분은 마지막 범주인데, 베이컨의 범주에 인간과 자연의 상호 작용이 포함되는 것과 같이 그의 자연지 관념에는 대부분의 인간 문명, 특히 기술과 학문에 대한 검토가 포함된다. 그의 구상이 완성되었더라면 거기에 포함된 정보량은 어마어마했을 것이다.

연구 방법의 엄정함도 인정해야 한다. 베이컨은 자연지

편찬자라면 누구든지 당대에 통용되던 권위를 버리고 자연에서부터 작업하고 관찰하고 비교하고 측정해야 한다고 생각한다. 그는 '역사'란 용어를 자연계의 어떤 특정한 주제에 대한 조직적이고 완벽한 기록의 뜻으로 사용한다. 그 어느 것도 누락되어서는 안 되고, 방법론은 명확하게 이해해야 하는 것이다. 이런 확고한 토대 위에서만 귀납법의 작업을 할 수 있다.

이처럼 방대한 구상은 자기 능력 밖이란 사실을 인정하면서도 불구하고 베이컨은 다른 사람들이 탐구의 길을 올바로 가도록 인도하고 싶은 마음이 간절했다. 추측컨대, 다소 유능하지 못한 탐구자들이 자신의 계획을 훼손시킬지 모른다는 생각 때문에 고심한 나머지 '주요 자연지들'을 직접 쓰기로 했던 것 같다. 이 계획서 끝에 첨부된 구체적인 자연지 목록에는 일부 공상적인 관념도 포함되어 있는데, 그 어디에서 꿈의 자연지와 더불어 계획상의 '배설물의 자연지'와 버드나무 세공의 자연지를 함께 발견할 수 있을까? 이처럼 베이컨은 그의 구상이 지닌 범위만 놓고 보더라도 충분히 존경받을 만하다.

Review

다음은 주요 인용구 해설입니다.

1. 단 하나 남은 길은 이 일을 좀더 나은 수단들을 가지고 처음부터 다시 시도해 보고, 올바른 토대들 위에서 학문과 기술, 나아가 모든 인간적인 학습을 전반적으로 혁신하는 것이었다. 이것은 접근 방법으로 보기에는 한없이 방대하고 인간의 힘을 능가하는 것처럼 보일 수도 있지만, 그래도 실제로 실행해 보면 이성적이고 분별력 있으며, 과거에 행해졌던 어떤 일보다도 더 그렇다는 점을 알게 될 것이다. 반면, 현재 학문에서 진행되는 일에는 일종의 현기증과 끝없는 선동과 순환이 있다.(《대혁신》 초판본에 〈신논리학〉과 함께 출판된 전체 구상의 서문)

— 이 책의 서두에서 〈신논리학〉에 대한 베이컨의 포부를 보여준다. 여기서는 어느 정도의 긍지, 나아가 어느 정도의 교만이 느껴진다. 베이컨은 자신의 철학적 능력이나 정치적 능력을 과소평가할 인물이 결코 아니었다. 따라서 어마어마해 보일 수도 있는 이 작업을 스스로 해낼 수 있다고 생각하면서도 실제로는 자연지를 위한 구상에서는 좀더 용의주도하게 다른 지식인들이 그가 제안하는 방대한 정보 수집 작업을 도와주었으면 하고 바란다. 마지막 문장은 당대의 과학적 실천을 비판하면서 교묘하게 성서를 언급하고 있다. 이 책의 다른 곳에서 베이컨은 다니엘서(12:4)에 나오는 최후의 심판에 관한 예언을 인용한다. "많은 사람들이 빨리 왕래

하며, 지식이 더하리라." 이 인용문의 '선동'은 수많은 당대 인들이 다니엘서의 구절에서 발견한 임박한 재림(또는 세상의 종말)과 연결된다. 종말론적 예언들은 17세기에는 흔한 일이었고, 지식과 학문을 예언과 연결하는 것도 전혀 별난 일이 아니었다. 이 시기에는 많은 학자들이 과학과 종말론적 예언들의 연관성을 연구해 왔다.

2. **만약 기계적인 일에 더 맞고, 훈련을 더 잘 받았으며, 실험들을 살펴보기만 해도 곧바로 성과를 거둘 수 있는 재간꾼이 있다면, 주저하지 말고 우리가 작성한 자연지와 일람표들을 보고 쓸 만한 것을 골라 훌륭한 성과를 거두는 어려운 일을 해주기 바란다. 그렇게만 해도 원금을 되찾기 전까지 당분간 이자배당금으로서는 충분할 것이다.(제1권 잠언 117)**

― 베이컨이 늘 빚에 쪼들렸다는 사실을 감안한다면, 원금과 이자의 비유는 대단히 흥미롭고 적합하다. 이 비유를 통해 그의 구상이 가져올 당장의 혜택과 장기적인 혜택의 관계를 보여주고 있는 그는 자기가 수집과 분석을 제안하는 정보가 단기간에 새로운 발명품들을 완성하거나 산업을 개선시키는 등의 실질적인 목적에 이용될 수 있다고 믿는다. 일부 사람들에게는 당장의 혜택이 소중하겠지만, 인류에 대한 참된 혜택은 훨씬 더 크다. 베이컨은 이 구상을 완성하면 삶의 조건을 엄청나게 개선시키고 자연에 관한 참된 지식을 얻을 수 있다고 생각한다. 그의 방법은 정확하고 효율적인 실험에 의존하기 때문에 실질적인 기량과 재능을 지닌 사람들을 비판하지는 않지만, 그들의 목표, 즉 당장의 실질적인 혜택과 재정적 소득이 가장 중요한 것은 아니라고 믿는다.

3. **맨손이나 아무런 도움의 손길 없는 지성은 모두 큰 힘을 발휘할 수**

없다. 손이 도구와 조력이 있어야 일을 할 수 있듯이 지성도 그것들이 필요하다. 손이 도구를 쓰면 그 움직임이 재촉되거나 유도되듯이 정신도 도구를 사용하면 지성을 자극하거나 경고한다.(제1권 잠언 2)

— 정신의 도구들은 〈신논리학〉에서 다루는 '생각을 위한 기계'의 도구들이다. 유도되지 않으면 정신이 헤매면서 요지를 찾지 못하는 경향이 있기 때문에 베이컨의 과학적 방법의 여러 단계가 탐구 과정에서 정신을 인도한다. 귀납의 도구들은 정신이 신중하게 탐구하도록 조장하고, 서둘러 일반적인 공리로 나아가지 말라고 경고한다. 베이컨은 그의 정신적 도구들이 누구나 약간의 지성만이라도 있으면 사용할 수 있으며, 적당히 자극하고 조심하면 자연철학에서 개인적 오류를 제거해 줄 수 있다고 주장하는 것이다.

4. 과거에 인간의 지성을 사로잡았고 지금도 그 속에 깊이 뿌리박고 있는 착각과 그릇된 관념들은 인간의 정신을 가로막아 진리에 접근하기 어렵게 만들 뿐만 아니라 진리에 접근이 허용되었을 때도 학문을 혁신하려고 들면 미리 경고를 받고 가능한 한 철저히 대비하지 않으면 다시 한 번 저항하고 해악을 끼칠 것이다.(제1권 잠언 38)

— '착각'은 바로 네 가지 우상을 가리키는데, 몇 가지 다른 수준에서 작용하기 때문에 진리를 차단하고 올바른 자연 탐구를 막는다. 종족의 우상은 진리를 세우는 기본적 벽돌인 감각적 지각작용에 영향을 준다. 동굴의 우상은 특이한 방식으로 저마다 각 개인에게 영향을 주어 다른 장애를 낳는다. 시장의 우상은 진리를 밝히는 의사소통을 막는다. 가장 복잡하고 위험한 극장의 우상은 거짓인데도 철학적 체계가 되어 엄청난 권위를 획득하고 있다. 이 권위는 학문의 혁신이

성공하지 못하도록 방해하는데, 이 위협에 대비하는 유일한
방도는 과거의 설명들과 깨끗이 관계를 끊고 베이컨의 귀납
법을 이용해서 언어와 교육과 감각적 인식의 착각들이 진리
탐구에 끼어들지 못하도록 만드는 것이다.

다음 질문에 대해 간단히 서술하시오.(—부분은 참고만 할 것)

1. **베이컨의 방법은 근대의 과학적 방법과 어떤 점에서 왜 다른가?**

    — 베이컨의 귀납적 방법은 실험과 관찰을 통해 자연 세계에 관한 정보를 보관한 '자료은행'을 만드는 것으로부터 시작하여 어떤 구체적인 본성이나 속성을 찾아내기 위해 이 정보 광산을 탐사한다. 자연 세계의 관찰로부터 시작하여 여러 단계를 거쳐 자연에 관한 공리나 참된 진술을 공식화하는 이 방법에서 일반적인 공리("열은 일종의 운동이다.")는 이 과정의 끝에 가서야 확립될 수 있다. 근대의 과학적 방법은 비록 실천적으로 따르는 경우는 거의 없지만 가설이나 특정한 의문에서 시작하여 이 가설을 검증하기 위해 실험들을 구상하고 가다듬는다. 근대의 과학자들이 베이컨의 귀납적 접근이 가정하는 완벽한 지식의 가능성을 의심하는 것은 이해할 수 있다. 베이컨의 방법론, 특히 실험에 대한 강조가 오늘날의 과학적 방법을 발전시킨 하나의 중요한 단계였다는 점도 기억해야 한다.

2. **베이컨은 아리스토텔레스의 어떤 점이 틀렸다고 보는가?**

    — 본질적으로는 거의 모든 점이다. 베이컨은 아리스토텔레스의 철학이 쓸모도 없고 애매한 삼단논법이란 장치에 의존하고, 자연에 대한 참된 탐구는 도외시하면서 범주들과 복잡한 변증법적 논증을 세우는 데 치중했다고 믿는다. 〈신논리학〉은 아리스토텔레스의 방법이 지닌 결함을 드러내고, 논리학을 근대적인 과학적 탐구의 요구에 부응하도록 다시 쓰

기 위해 많은 지면을 할애하고 있다. 베이컨은 당시까지 학문이 제대로 발전하지 못한 이유는 고대의 저자들, 특히 아리스토텔레스에게 지나치게 의존했기 때문이라고 생각한다. 아리스토텔레스는 극장의 우상 가운데 하나인 철학의 궤변적인 양식을 표본적으로 보여주는 인물이다. 아리스토텔레스가 세운 범주들에 의존하는 중세와 당대의 철학자들은 그의 논증이 지닌 가치와 힘보다는 오히려 서양의 여러 대학과 자신들의 편견에서 그가 차지하는 중요성에 커다란 감명을 받았다.

3. 베이컨은 학문의 진보를 위해 어떤 희망을 제시하는가?

— 항상 학문의 진보를 위한 그의 구상이 오랜 시간과 엄청난 노력을 필요로 할 것이라고 분명하게 밝힌다. 진보를 가로막는 장애는 적지 않고, 인간 경험의 갖가지 양상—감각적 지각, 개인적 인생 경험, 언어, 철학 등—에서 기인한다. 그 장애들은 베이컨의 과학적 방법을 엄정하게 따라야만 극복될 수 있다. 베이컨은 진보의 희망을 품게 하는 일들이 많다고 단언한다. 매번 과거의 발견들이 사전에 가능하리라고 믿은 것은 아니라는 사실은 지금도 우연히 위대한 발견을 할 수 있다는 것을 보여주고, 쓸데없는 구상에 낭비하는 기력을 조금이라도 과학적 탐구에 쏟는다면 지금까지 이루어진 발견들보다 더 위대한 발견을 할 수 있다는 사실이 보여주듯이 과거의 오류를 바로잡는 일은 미래에 대한 희망을 줄 수 있다. 베이컨의 입장은 본질적으로 신중한 낙관론이다. 광범위한 자연지의 편찬이 위대한 과업인 것을 알기 때문에 국왕에게 후원을 간청하면서도 그 일이 자신의 생전에는 불가능하리라고 믿고 있는 것. 학문의 진보를 통해 인류가 얻을 잠재적 혜택이 엄청나므로 그 과업은 반드시 시도되어야 한다.

4. "우리는 하느님으로부터 시작해야 한다. 왜냐하면, 우리의 작업은 선이라는 지고한 요소를 담고 있으므로 선의 지은이이자 빛의 아버지인 하느님에게서 기원한 것이 분명하기 때문이다." 베이컨의 자연철학에서 종교가 차지하는 역할을 논하라.

5. 베이컨은 어떤 종류의 권위를 인정하는가?

6. 〈신논리학〉은 어느 정도까지 실험적인 철학을 제안하는가?

7. 베이컨은 '기술적인 기예들'을 얼마나 높이 평가하는가?

8. 〈신논리학〉에서 가장 기발한 측면은 어떤 부분이라고 생각하는가?

9. "폐하, 소신이 국사에 바쳐야 할 시간을 훔쳐 이 일에 쏟았으니 소신을 절도죄로 벌하소서."(서문) 베이컨의 철학을 그의 정치적 경력의 관점에서 해석하는 것은 어느 정도나 유용한가?

10. 〈신논리학〉은 어떤 의미에서 과학적인 저술인가?

다음 질문에 알맞은 답을 고르시오.

1. 베이컨이 1618년에 임명된 관직은?
    A. 검찰총장
    B. 재무장관
    C. 법무장관
    D. 총리

2. 〈신논리학〉은 누구에게 헌정되었는가?
    A. 루이 14세
    B. 제임스 1세
    C. 찰스 1세
    D. 엘리자베스 1세

3. 소위 베이컨의 전체적인 구상은?
    A. 대혁신
    B. 진보의 시작
    C. 인간성의 완성
    D. 바보연맹

4. 베이컨이 그의 작업에서 적용하고자 하는 '기예'는?
    A. 학문의 진보
    B. 반대지들의 해체
    C. 비유의 구축
    D. 자연의 해석

5. 베이컨이 거부하는 논리학의 장치는?

    A. 추정

    B. 삼단논법

    C. 전제

    D. 결론

6. 베이컨이 이성의 전진을 가로막는 장애물들에게 붙인 명칭은?

    A. 복수의 여신들

    B. 우상들

    C. 은총의 여신들

    D. 미덕의 여신들

7. 베이컨이 사용한 논리적 방법은?

    A. 배제

    B. 귀납법

    C. 대류(對流)

    D. 현혹

8. 〈신논리학〉은 어떤 식으로 요약되는가?

    A. 방점(傍點)

    B. 가설(假說)

    C. 잠언(箴言)

    D. 단락(短絡)

9. 베이컨은 자연적인 현상들을 고려한 끝에 나오는 참된 진술을 무엇이라고 부르는가?

    A. 공리(公理)

    B. 잠언(箴言)

C. 영양(羚羊)

D. 독학(獨學)

10. 언어 및 인간의 상호교류와 연관되는 우상은?

A. 극장의 우상

B. 동굴의 우상

C. 시장의 우상

D. 종족의 우상

11. 베이컨이 특히 신랄하게 공격한 고대 철학자는?

A. 아리스토텔레스

B. 플라톤

C. 피타고라스

D. 아낙사고라스

12. 베이컨에 의하면, 고대 저자들의 권위가 탐구자에게 유용할 때는?

A. 그들의 결론이 견실한 논증을 토대로 했을 때

B. 그들이 자연에 귀를 기울일 때

C. 없음

D. 어떠한 주제에 대한 배경을 알고자 할 때

13. 베이컨에 의하면, 서양 학문은 대부분 누구에게서 왔는가?

A. 로마인들

B. 그리스인들

C. 아랍인들

D. 프랑스인들

14. 〈신논리학〉에서 공격하는 작가이자 자기(磁氣) 이론가는?

A. 윌리엄 길버트

B. 허버트 블리드

C. 조셉 애디슨

D. 마이클 패러데이

15. **시대를 통틀어 자연철학의 적은?**

A. 아리스토텔레스와 플라톤의 가르침

B. 어설픈 실험 기법

C. 방법과 논리의 문제들

D. 미신과 맹목적이고 도가 지나친 종교적 열정

16. **베이컨에 의하면, 귀납법을 쓰기 전에 구축되어야 하는 것은?**

A. 자연지

B. 동물들의 일람표

C. 현상들의 일람표

D. 예비적 분석

17. **베이컨이 꼽는 특권적 사례는 몇 가지인가?**

A. 14가지

B. 30가지

C. 27가지

D. 105가지

18. **〈신논리학〉 제2권의 주제는?**

A. 2차적인 논리학 체계

B. 실제적인 자연 해석

C. 이론

D. 실천

19. 결정적 사례의 다른 이름은?

A. 한정 사례

B. 난관

C. 교차 사례

D. 이정표 사례

20. 형상에 대한 탐구의 첫 단계는?

A. 알려진 모든 사례를 지성 앞에 제시함

B. 알려진 모든 변수의 수집

C. 가설들의 수립

D. 주제 문제의 결정

21. 〈신논리학〉의 끝에 첨부된 부록은?

A. 그의 논증의 나머지에 대한 개관

B. 자연지와 실험지의 개요

C. 비평가들에 대한 그의 반응

D. 재고(再考)

22. 예비적 해석 과정의 다른 이름은?

A. 첫 수확

B. 근원적 사례

C. 1차적 자연지

D. 첫 결과

23. 귀납법의 제1임무는?

A. 첫 수확

B. 비슷한 본성들의 배제나 제외

C. 일람표들의 작성

D. 삼단논법의 파괴

24. 베이컨은 누가 완벽한 자연지의 편찬 비용을 부담하기를 바라는가?
    A. 일반 대중
    B. 교육받은 지주들
    C. 제임스 1세
    D. 그의 집안

25. 베이컨에 의하면, 인문학의 임무와 목적은?
    A. 숨겨진 지식을 찾아내는 것
    B. 주어진 본성의 형상을 발견하는 것
    C. 가설들을 검증하는 것
    D. 사례들을 배정하는 것

정답

1. C   2. B   3. A   4. D   5. B   6. B   7. B   8. C   9. A   10. C

11. A   12. C   13. B   14. A   15. D   16. A   17. C   18. B   19. D   20. A

21. B   22. A   23. B   24. C   25. B

一以貫之
논술노트

〈신논리학〉, 르네상스기에 싹튼 근대 서구의 학문적 공리주의와 과학적 실증주의 ○

실전 연습문제 ○

一以貫之는 '논어'에 나오는 말로 '모든 것을 하나의 이치로 꿴다'는 뜻입니다.

논술의 주제와 문제 유형, 제시문들은 참으로 다양하고 가지각색입니다. 그러나 그 모든 것을 하나로 꿸 수 있습니다. '인간사회의 보편적 문제들에 대한 근원적인 물음에 답하는 자기 나름의 견해'라는 것이지요. 논술은 인간이면 누구나 부닥치는 개인직 또는 사회적 문제들에 대한 자기 나름의 고민이자 성찰입니다. 논술은 자기견해, 자기 가치관, 자기 삶에 대한 솔직한 고백입니다.

一以貫之 논술연구모임은 '자신의 물음'과 '자신의 생각'을 갖고 '자신의 글'을 쓸 수 있도록 도와줍니다.

〈집필진〉
이호곤, 김재년, 우한기, 박규현, 김법성, 김병학, 도승활, 백일, 우효기, 조형진

〈신논리학〉, 르네상스기에 싹튼 근대 서구의 학문적 공리주의와 과학적 실증주의

프랜시스 베이컨 하면, 우리는 진리를 발견하기 위해 귀납법과 실험을 강조하고 경험을 중시한 영국 경험론의 시조로 알고 있다. 또한 "아는 것이 힘이다"라며 인간의 자연 지배나 사회 변화에 지식이 얼마나 중요한 역할을 하는지에 대해 웅변한 인물이자 올바른 앎을 위해 깨뜨려야 할 편견으로 네 가지 우상을 제시한 인물로도 기억하고 있다. 그러나 〈신논리학〉을 읽어보면 베이컨에 대한 이 같은 일반적 인식은 근대 서구의 새로운 학문적 전통이 수립되는 과정에서 그의 문제의식이 지닌 의의나 한계를 충분히 보여주지 못하고 있다는 생각이 든다. 우리에게 그의 업적이나 주장이 파편화된 채 다가올 뿐, 그가 중세의 낡은 스콜라적 학문 전통과 얼마만큼 단절했으며 공리주의적이고 실증주의적인 근대 과학의 길을 향해 어디만큼 나아갔는지 그 맥락을 충분히 알 수 없기 때문이다.

시대를 읽고 밝혀낸 낡은 학문적 전통의 폐단과 근대적 학문의 길

　　〈신논리학〉은 16세기 영국의 르네상스를 대표하는 시대정신의 산물이다. 당시 유럽은 도시와 상공업이 농업 중심의 봉건적 장원경제의 틀을 깨고 발전해가면서 산업경제 활동의 양상을 바꿔놓고 있었으며, 화약, 나침반, 인쇄술의 발견은 전쟁과 항해, 그리고 지적 활동의 양상을 변화시켰다. 중무장 보병과 포병이 펼치는 전쟁은 기사와 영주가 아니라 국왕과 막대한 재정을 가진 상공업자들을 필요로 했다. 따라서 더 이상 현세의 생명에 대한 보호가 봉건 영주나 귀족들로부터 나올 수 없었기 때문에 그들의 봉건적 속박은 정당성을 상실했다. 세속적 영역에서 중세적 전통과 권위가 몰락하면서 종교적 영역에서도 마찬가지 상황이 전개되었다. 루터의 종교개혁에 의해 신과 사제, 평신도로 이어지는 중세의 낡은 위계적 종교 질서와 그것을 옹호하던 중세 신학의 독점적 권위 역시 무너졌던 것이다. 이제 개인은 누구나 신 앞에 단독자로 나서서 신의 뜻을 진리로 주장할 수 있게 되었다. 객관적인 교회의 율법과 질서가 아니라 자신의 내면에 자리한 신앙, 믿음이 종교적 진리의 기준이 된 것. 따라서 현생은 물론, 후세의 영원한 생명 역시 더 이상 교회와 사제가 보장하지 못하게 되자 성직자에 의한 중세의 종교적 속박도 정당성을 잃어갔다. 귀족과 사제들의 세속적 영화에 대한 봉건적 특권은 종교적 세계관에 의해 윤리적으로 정당화되지 못하고 의심받는 지경에 이르렀으며, 세상은 그들의 말대로 돌아가고 있지 않음이 곳곳에서 분명해졌다. 이처럼 중세적 사회질서가 무너지고 바야흐로 근대적 사회질서가 그 모습을 하나 둘 들이밀고 있던 시대적 흐름 속에서도 중세의 주류 철학으로 '신학의 하녀' 역할을 하던 스콜라 철학은 여전히 위세를 떨치며 전근대적 학문 활동의 중심에 자리하고 있었으나 더 이상 삶의 문제와 세계를 이해하려는 사람들의 요구에 부응하지 못하게 되면서 낡은 중세 학문의 전통과 권위는 역사의 뒤안길로 물러나고 근대를 대표하는 새로운 학문의 정신과 방법의 도입이 피할 수 없는 시대적 요청이 되었다. 바로 이러한 시점에서 베이컨은 학문의 진보와 대변혁을 위한 야심찬 기획을 가지고 〈신논리학〉을 쓰게 되었다.

따라서 〈신논리학〉에 나타난 베이컨의 사고는 전근대적인 학문 전통과의 단절 및 근대적 학문관의 확립이라는 측면에서 보면, 그보다 약간 뒤늦게 나온 합리론을 대표하는 데카르트의 생각과 중요한 공통점을 지니고 있다. 먼저 베이컨은 데카르트처럼 자연에 대한 인간의 지배 확립과 인류의 복지 증진이 학문의 주요 목적이라고 생각했다. 고대의 학문이 인간의 지혜와 덕을 함양하는 수단이란 측면

이 강했다면, 중세의 학문은 자연과 사회현상 속에 드러난 신의 목적과 계시를 이해하는 수단이란 측면이 강했다. 그러나 정치가, 법률가, 역사가, 자연연구가로서 누구보다도 학문의 효용성을 중요하게 느꼈던 베이컨은 사변적 논쟁을 일삼는 당시의 학문 전통과 단절하고 실제로 유용한 발견과 발명을 도울 수 있는 학문을 수립하기 위해 〈신논리학〉을 썼다고 해도 과언이 아니며, 데카르트처럼 진리의 기준과 근거를 중세의 신적 계시에 두지 않고 인간의 지성적 활동을 통해 발견하려고 했다. 비록 전자가 인간의 감각과 경험을 통한 '실증'을 중시하고 후자가 인간의 이성과 사유를 통한 '논증'을 중시한다는 차이점이 있지만, 두 사람 모두 좀더 확실하고 분명한 진리가 존재하며 올바른 방법만 따르면 누구나 그것을 발견할 수 있다는 입장이다. 이러한 양자의 공통점과 차이점을 종합하면 근대 과학이 중시하는 '논리적 정합성'과 '실증 가능성'을 통한 인식의 보편성과 객관성이 나오게 되는데, 이렇게 신의 의지와 목적에 의존하지 않고 자연과 인간 그 자체의 속성이나 본성에 의존해서 자연현상을 설명하려는 시도가 의미하는 바는 분명하다. 베이컨은 자연과 세계에 대한 탐구에서 신화적·주술적 이해 방식과 선을 그음으로써 근대적 학문의 가장 중요한 본령에 사실상 들어선 것이다.

철학이 고대 학문의 왕좌라면 신학은 중세 학문의 왕

좌라 할 수 있듯, 과학은 근대 학문의 왕좌다. 인간에게 실제적 힘을 부여하는 지식을 제공하는 학문이 가장 중요하며, 엄밀하게 측정하고 확정할 수 있는 방법을 가진 학문만이 유일하게 진리를 발견할 수 있다는 베이컨의 생각은 근대적 학문 활동의 가장 중요한 특성을 담고 있는 셈이다. '학문의 목적으로서의 공리주의와 학문의 방법으로서의 실증주의'라는 근대 서구의 학문관을 베이컨은 〈신논리학〉에서 여러 잠언을 통해 잘 보여주고 있다.

인간의 지식이 곧 인간의 힘이다. 원인을 밝히지 못하면 어떤 효과도 낼 수 없다. 자연은 오로지 복종함으로써만 복종시킬 수 있기 때문이다. 자연의 고찰에서 원인으로 인정되는 것이 작업에서는 규칙의 역할을 한다.(제1권 잠언 3)

모든 징후 중에서 그 결과보다 더 확실하고 가치 있는 것은 없다. 결과와 성과야말로 철학의 진리성을 보장하는, 말하자면 보증인이자 증명인이다. 그런데 앞에서 말한 그리스인들의 철학과 그로부터 분화된 개별 학문에서는 그토록 오랜 세월이 지났음에도 불구하고 인간의 생활을 윤택하게 하거나 개선하는 데 도움이 될 만한 실험은 단 하나도 찾아보기 어렵다. 켈수스가 고백한 바에 따르면, 의학상의 발견이 먼저 이루어진 다음에 그에 대한 철학적 고찰과 원인에 대한 탐구가 이루어진 것이지, 그 반대로 철학과 원인에 대한 인식에서 실험이 나오거나 발견이 이루어진 예는 없었다고 하는데, 참으로 솔직하고도 현명한 고백이다. 따라서 발명가를 신으로 섬겼던 이집트 사람들이 인간상(像)보다는 동물상을 더 신성시했다는 것도 놀랄 일이 못 된다. 동물은 말은 못하지만 그 자연적 본능으로 많은 발견을 해내는 반면, 인간은 말을 그렇게 많이 하고 이성의 추론을 그렇게 많이 하고도 제대로 발견해낸 것이 없었기 때문이다.

연금술사들의 노력으로 약간의 발견이 이루어진 바 있지만, 이것은 우연히 혹은 작업방식을 바꾸어보아(장인들이 항상 그렇게 하듯이) 그렇게 된 것이지, 표준적인 기술이나 이론이라고 말할 수 있는 것은 아무것도 없었다. 그들은 이론이라는 것이 실험을 도와주기보다는 오히려 방해하는 것이라고 생각했다. 그리고 또한 (이른바) 자연적 마술에 몰두한 사람들의 발견도 거의 없거니와, 있다 해도 대개가 보잘 것 없는 사기(詐欺)에 가까운 것들 뿐이다. 그러므로 마치 종교가 우리들에게 행동으로 신앙을 보이라고 요구하고 있는 것과 같이, 우리도 이 원칙을 철학에 적용해 그 성과를 판단의 기준으로 삼아 아무런 성과도 내지 못하는 철학은 쭉정이로 단정해도 좋을 것이다. 이런 쭉정이 철학들은 포도나 무화과 열매를 맺는 것이 아니라 논란의 찔레와 분쟁의 가시를 낳을 뿐이다.(제1권 잠언 73)

전형적인 근대적 학문관과 미성숙한 근대 과학의 방법

　아무리 부정적인 것이라고 해도 긍정적인 부분이나 배울 점이 전혀 없는 것은 아니다. 하물며 천 년을 넘게 내려온 학문들이라면 아무리 시대의 요구에 부응하지 못하더라도 그 나름의 의미, 보존해야 할 합리적 핵심은 있는 법이다. 이런 점을 감안하면, 베이컨이 기획하고 주창한 새로운 학문은 고대와 중세의 전통과 지나치게 단절하고 막대를 너무 반대쪽으로 구부려 극단으로 나아갔다고 볼 수 있다. 학문의 목적과 방법, 두 측면에서 모두.

　베이컨은 학문과 지식을 바라보는 시야를 좁히고 과학과는 다른 차원에서 '효용'을 가진 철학 또는 인문학을 소홀히 하는 서구 근대의 학문 풍토를 정당화하는 데 기여했으며, 모든 학문과 지식을 '공리성'(功利性)의 관점으로만 평가하고 아리스토텔레스 이래의 모든 학문적 유산을 '쓸모없는 것'으로 간주했다. 〈신논리학〉을 읽어보면 중세 말의 스콜라 철학에 대한 비판이 주로 자연 연구, 특히 새로운 발견과 발명에 전혀 기여하지 못한다는 점에 초점이 머물러 있는데, 이를테면 철학과 인문학에 대해 과학의 임무를 수행하지 못한다고 비판하는 것이나 마찬가지다. 중세의 철학과 인문학이 지닌 나름대로의 의의와 한계를 비판하려면 자연과학의 관점뿐만 아니라 철학과 인문학 그 자체의 관점에서도 비판이 가능해야 한다. 이 점에서, 즉 철학자나 사상가로서의 베이컨은 데카르트나 로크에 미치지 못하는 것 같다. 〈신논리학〉에서는 자신의 '새로운 논리학', 즉 자연 해석의 새로운 방법인 귀납법을 설명하면서 '형상인, 질료인, 작용인, 목적인' 등과 같은 존재의 본성과 운동에 대한 아리스토텔레스의 기본 개념을 인정하고 있다. 다만 그 개념이 실용적인 학문에 도움이 되지 않음을 비판하고 있을 뿐(제2권 잠언 2 참고), 존재와 인식 과정에 대한 본격적인 철학적 탐구로 자신만의 근대적인 철학적 개념을 제시하는 수준까지는 나아가지 못했다.

베이컨이 오로지 '눈에 보이는 권력과 부'를 가져다주는 학문과 지식을 중시한 이유는 아마도 그에게는 '삶의 가치와 의미'가 이미 근대 부르주아의 그것으로 의심의 여지 없이 확립되어 있었기 때문일 것이다. '자유'와 '정의', '사랑'과 '행복' 같은 삶의 문제에 대한 탐구는 우리가 지닌 힘을 지혜롭게 사용하는 능력을 부여할 수 있지만, 정작 베이컨이 중요하게 생각하는 그 힘을 가져다주진 못한다. 베이컨이 앎의 다양한 영역이 가진 고유한 쓸모와 그들 사이의 상호연관성을 이해하지 못했던 것은 전문적인 학문 영역의 분화가 없던 시대의 한계를 반영한 것이기도 하다. 고대에서 근대 초기에 이르기까지 철학과 과학은 분화되지 않은 상태였고, 베이컨 역시 데카르트처럼 철학자이자 과학자였다. 그러나 이후 공리주의적 학문관과 그것에 기초한 전문 영역으로의 학문적 분화는 근대 서구의 과학기술 문명과 산업자본주의 사회의 발전에 따라 서구의 주류적 학문 경향으로 자리 잡는다. 전문가들은 학문 성취를 공리적 목적에 봉사하는 수단으로서만 평가받게 되자 자신들의 좁은 전문 분야에 시야가 갇혀 세계와 인간에 대한 전체적인 전망을 잃게 되었고, 그 결과 서구 현대 문명은 아는 것은 많고 힘은 세지만 지혜는 보잘 것 없어지게 되었다. 힐스베르거는 〈서양 철학사〉에서 이 점을 다음과 같이 통렬하게 지적한다. "베이컨이 새로운 학문론의 목적을 설정하여 추구했던 것은 바로 인간을 인간화하는 것에는 아무런 도움도 되지 않는다."

한편, 베이컨은 새로운 학문의 방법으로 '실험'과 '귀납추론'의 중요성을 강조함으로써 근대 과학의 길을 연 선구자였지만 정작 근대 과학에서 결정적 역할을 하는 가설이나 수학의 역할은 제대로 이해하지 못했다.

지금까지 학문에 종사한 사람들은 경험에만 의존했거나 독단을 휘두르는 사람들이었다. 경험론자들은 개미처럼 오직 모아서 사용하고, 독단론자들은 거미처럼 자기 속을 풀어서 집을 짓는다. 그러나 꿀벌은 중용을 취해 뜰이나 들에 핀 꽃에서 재료를 구해 자신의 힘으로 변화시켜 소화한다. 참된 철학의 임무는 바로 이와 비슷하다. 참된 철학은 오로지 (혹은 주로) 정신의 힘에만 기댈 것도 아니요, 자연지나 기계적 실험을 통해 얻는 재료를 날 것 그대로 기억 속에 비축할 것도 아니다. 그것을 지성의 힘으로 변화시켜 소화해야 한다.(제1권 잠언 95)

자연의 비밀은 제 스스로 진행되도록 방임했을 때보다는 인간이 기술로 조작을 가했을 때 그 정체가 훨씬 더 잘 드러난다.(제1권 잠언 98)

이처럼 그는 경험과 사유가 참된 지식을 얻는 데 모두 중요하다고 했으나 정작 그것이 과학 활동의 어떤 과정에 어떻게 관여하는지를 제대로 알지 못했다. 그가 그토록 강조했던 '중간 수준의 공리'가 자료를 수집해서 잘 분류하기만 하면 저절로 생기는 것인지, 또는 그렇게 생긴 것을 여러 다른 해석 가운데 어떻게 정당화할 수 있는지 등에 대해서는 말할 수 없었던 것. 따라서 그는 '꿀벌'보다는 '개미'에 가까운 자세를 취했다고 비판받는다. 이것 역시 그가 자연에 대한 실제적인 관찰과 실험은 하지 않은 상태에서 인문학적 성찰에 주로 사용되던 토론과 논증으로 자연을 예단하는 학문적 전통을 비판하고 넘어서려다 막대를 지나치게 구부린 것으로 보인다. 어쨌든 베이컨은 데카르트나 갈릴레이처럼 사고 실험과 수량화 및 수학적 추론 등이 과학에서 수행하는 역할을 이해하지 못했기 때문에 반대로 질적인 관찰을 매우 중시했다. 이런 태도는 생물학이나 심리학처럼 수량화가 어려운 학문에는 유용할 수 있으나 자연의 물리적 현상을 이해하는 데는 많은 어려움을 가져올 수밖에 없었다. 대표적인 것이 오늘날 온도라는 동일 척도에 의해 파악되는 '열과 냉'을 질적으로 다른 개념이라고 취급한 것이다. 이것은 베이컨이 자연에 대한 관찰을 물리량으로 측정하는 근대 과학의 기본 원리와 방법에 미치지 못했다는 증거다.

그런데 베이컨의 귀납추리에 대한 주장이 비록 근대 과학의 눈으로 보아도 미숙하다고 하지만 과학적 활동의 방법에 대해 지향하는 바는 근대 과학의 성숙한 모습과 조금도 다름없다. 베이컨은 〈신논리학〉에서 줄곧 과학의 방법은 개념의 정확성, 논리적 엄밀성, 검증 가능성 등을 기본적으로 갖춰야 한다고 강조하는데, 이것은 데카르트는 물론이고 후세의 근대 과학자와 철학자들이 공유하고 있는 과학 아니 모든 학문의 기본적 패러다임이다. 문학, 역사학, 철학, 심리학, 인류학, 정치학, 경제학 등 인문학과 사회과학에 이르기까지 수량화와 기계적 인과율, 경험론적 관찰과 실험 등으로 자연을 이해해서 뚜렷한 결과를 낳으려고 하듯이 인문 사회현상을 탐구하는 것이다.

사실, 학문 방법에 대한 근대적 패러다임은 지나치게

'눈에 보이는 것', 또는 '계량화할 수 있는 것'만을 중시하는 방식이다. '눈에 보이지 않는 것'의 중요성을 간과하는 근대적 학문의 탐구 방법은 그것을 느끼고 직관하고 통찰하는 데 필요한 능력을 '비과학적'이라고 배제하지만, 우리가 살아가고 있는 자연계의 무한한 관계와 변화, 인간 삶의 실천적·의지적·정서적·감성적인 측면은 그렇게 해서 쉽사리 파악되지 않는다. 학문과 과학이 세계의 중요한 다른 영역을 놓치고도 그것만이 유일한 진리라고 주장하는 순간, 세계의 변화를 따라가지 못하게 된다. 우리 인간이 지닌 '느낌', '직관', '통찰', '상상' 등, 비논리적이고 비수학적이며 비실험적인 방법은 정작 중요한 과학적 발견과 발명에 너무나 크게 관여하고 있다. 새로운 착상이나 발상의 전환은 감각과 이성의 경계선에서 논리적으로는 설명할 수 없는 방식에 의해 일어나는 경우가 많은 것이다.

아인슈타인은 이를 다음과 같이 설명했다. "직감과 직관, 사고 내부에서 본질이라고 할 수 있는 심상이 먼저 나타난다. 말이나 숫자는 이것의 표현수단에 불과하다." 이것은 수학이나 형식논리학이 아인슈타인에게 부차적인 수단이었음을 밀해 준다. "기존의 말이나 다른 기호들(추측컨대 수학적인 것들)은 2차적인 것들이다. 심상이 먼저 나타나서 내가 그것을 정신대로 부릴 수 있게 된 다음에야 말이나 기호가 필요한 것이다." 그러면서 그는 "과학자는 공식으로 사고하지 않는다"고 말했다.

과학자들은 수학적 언어로 사고하지 않는다. 그러나 자신만의 직관적인 통찰을 객관적으로 납득할 수 있게 표현해야 한다. 매클린턱은 이렇게 말한다. "과학적인 방법으로 일을 한다는 것은 내가 직관적으로 알아낸 어떤 것을 과학의 틀 속으로 집어넣는 것이다." 다른 과학자들도 직관적으로 깨달은 후에 논리적으로 표현하는 2단계 과정을 거친다고 말하며 매클린턱의 의견에 동의한다. 물리학자인 리처드 파인먼 역시 "수학은 우리가 본질이라고 이해한 것을 '표현'하는 형식일 뿐이지 이해의 내용이 아니다"고 말하고 있다. 직관적으로 문제를 보고 '느꼈던' 그는 "내가 문제를 푸는 과정들을 보면 수학으로 해결하기 전에 어떤 그림 같은 것이 눈앞에 계속 나타나서 시간이 흐를수록 정교해졌다"고 말한다.

—로버트 루트번스타인/ 미셸 루트번스타인 〈생각의 탄생〉

학문의 개혁을 위해 오늘날에도 귀담아 들어야 할 것들

근대 서구의 학문은 베이컨이 보여준 전형적인 근대적 학문관에 따라 그가 제시한 미성숙한 근대 과학의 방법을 넘어 더욱 엄밀하고 정확한 방식으로 이 세계에 대해 체계적이고 논리적인 접근을 해왔으나 이미 많은 결함을 안고 있는 것으로 드러났다. 경제학은 파생금융상품의 영향과 미국 금융시스템의 붕괴를 예측하지 못했다. 사회과학은 인간의 갈등에 대한 해결책을 충분히 내놓지 못하고 있다. 어떤 사회제도와 질서가 바람직한가에 대한 논란은 그치지 않고 있다. 자연과학은 인간 활동이 자연에 미친 예상치 못한 결과들에 당혹해하고 있다. 현대 의학은 여전히 생로병사의 비밀을 밝히지 못하고 새로운 질병들은 물론이고 오래된 질병들에도 완전한 승리를 거두지 못하고 있다. 오늘날 우리가 사는 이 시대는 공리주의적이며 실증주의적인 것만을 중시하는 근대의 학문 전통을 넘어서기 위해 베이컨의 시대와 마찬가지로 새로운 학문 개혁이 요청되고 있다.

학문의 진보와 개혁을 위해서는 우선 근대적 학문 전통에서 보존할 것과 버려야 할 것을 구분해야 한다. 이런 점에서 보면 위에서 말한 낡은 것, 지나친 것으로 우리가 버려야 할 것 외에 〈신논리학〉에는 여전히 우리가 귀담아 듣고 새겨야 할 것들이 많다. 〈신논리학〉이 학문에 관심을 가진 사람이라면 누구나 읽어봄직한 고전이 된 이유도 바로 여기에 있다.

〈신논리학〉에는 '독단과 회의주의의 양극단을 피할 것', '자연의 심오함은 감각과 지성, 논증의 심오함을 넘어서 있다는 것', '자연에 대한 예단과 논리보다 실제 사례를 더 중요시할 것', '고정관념을 버리고 사물 그 자체와 친숙해질 것', '인간의 정신을 사로잡고 있는 우상을 타파할 것', '통속적 개념을 기초로 한 궤변파, 몇 번의 실험만으로 성급한 일반화를 행하는 경험파, 미신과 신앙을 바탕으로 헛된 숭배에 빠진 미신파의 논증과 오류에 대한 반박', '옛사람이 가르쳐준 바른 길과 당대 사람들이 제창하는 혁신 사이에서 중용을 지키는 정신' 등, 학문하는 사람이면 경계하고 피해야 할 잠언들이 신랄하게 표현되어 있다. 사실, 이 잠언들은 기존의 학문적 전통과 권위, 당장의 이익, 명예나 권력 같은 세속적 성공 등, 학문적 진리 이외의 것에 한눈팔지 말고 철저히 학문의 길을 가도록 요구하고 있다. 이처럼 탐구대상과 끈기 있게 대화하면서 올바른 방법으로 진리 발견에만 매진해야 한다는 베이컨의 주장은 학자나 연구자가 지녀야 할 가장 기본적인 자세이며 스스로를 돌아볼 수 있게 만드는 경구다.

그러나 그 이전의 그리스 철학자들, 말하자면 엠페도클레스, 아낙사고라스, 레우키포스, 데모크리토스, 파르메니데스, 헤라클레이토스, 크세노파네스, 필로라오스와 같은 사람들은(피타고라스는 미신적인 철학자였기 때문에 뺐다.[1:65]) (내가 알기로는) 학교를 연 일은 없지만 묵묵히, 엄숙하게, 우직하게 진리 탐구에 힘을 쏟았을 뿐 교만을 떨거나 허식을 부리는 일이 거의 없었다.

따라서 우리가 보기에는 그들이 훨씬 더 훌륭한 사람들이라고 생각되지만, 이들이 이룩해 놓은 성과는 시간이 지남에 따라 일반인의 기호와 감각에 영합하는 경박한 학설들에 밀려 점차 사라지고 말았던 것 같다. 시간은 강물과 같아서 가볍고 둥둥 뜨는 것들만 실어 나르고, 무겁고 견고한 것은 가라앉히고 만다.[1:77]

그러나 그들도 역시 그리스인에게서 흔히 볼 수 있는 결점이 전혀 없었던 것은 아니다. 이들 역시 학파를 세워 인기를 얻으려는 야심과 허영에 사로잡혀 있었다. 이런 하찮은 것에 몰두하게 되면, 진리탐구는 물 건너가고 만다.(제1권 잠언 71)

과거의 좋은 점을 보존하는 것 이외에 학문의 진보와 개혁을 위해 새롭게 필요한 태도는 무엇일까? 바로 '학문과 학문 아닌 것, 인문학과 과학, 논리적인 것과 비논리적인 것, 쓸모 있는 것과 쓸모없는 것, 객관적인 것과 주관적인 것, 이론적인 것과 실천적인 것 등', 이제까지 정반대이며 분명히 다르다고 생각한 것들이 사실상 어떻게 상호작용하고 엉켜 있는지를 살펴보는 일이다. 이제까지 소홀히 취급된 것을 우선 제 위치에 놓고 다른 것들과의 관계 속에서 전체적 전망을 회복하는 것. 마지막으로 다음 글을 음미하면서 학문의 개혁과 진보를 위한 우리 시대의 '신논리학'을 어떤 방향에서 찾아야 할지 고민해 보자.

우리는 학문이라고 이름 붙은 것들만으로는 살아갈 수가 없다. 누구나 시, 소설, 역사 이야기 등을 향유할 수 있어야 풍요로운 인생이라고 생각한다. 이런 것들은 근대 이후에 학문 같지 않은 것으로 배제되었다. 철학도 자연과학과 비슷하게 만들려는 시도가 있었다. 철학이라고 하는 것은 엄밀하고 합리적인 토대 위에서 체계적이고 논리적으로 전개되어야 마땅한 것이지만, 그렇다해서 우리가 살아가고 있는 세계의 실천적이고 의지적이고 정서적이고 감성적인 측면까지도 버려서는 안 된다는 것을 염두에 두길 바란다. 철학은 인간의 모든 영역을 포괄하지 않는다. 따라서 철학을 제대로 알기 위해서는 이론과 실천을 아우르고 있는 역사학, 문학 등을 폭넓게 공부해야 한다.

—강유원 〈철학의 기본 개념들〉

다음 제시문을 읽고 물음에 답하시오.

(가)

베이컨은 사람들이 흔히 빠지는 편견을 네 가지 우상으로 설명하였다. 첫째는 종족의 우상이다. 이것은 세계의 모든 현상을 인간의 관점에서만 보려는 것을 말한다. "저 새는 나의 정신을 알기라도 하듯이 구슬프게 운다"와 같은 것이 그 예이다. 둘째는 동굴의 우상이다. 이것은 동굴에 갇혀 있는 사람처럼, 개인적 경험이나 성격적인 편견으로 인해 세상을 제대로 보지 못하는 것을 말한다. 우리가 흔히 사용하는 '우물 안 개구리'가 여기에 해당한다. 셋째는 시장의 우상이다. 이것은 말 때문에 생기는 편견을 말하는 것으로, 베이컨은 사람들이 많이 모이는 시장에서 잘못된 말과 소문이 많다고 생각하였다. '용', '봉황', '모순'과 같은 것들이 이런 예에 속한다. 마지막 넷째는 극장의 우상이다. 베이컨은 무대를 보고 환호하는 관객들처럼, 전통이나 권위에 의지하여 나타나는 지식이나 학문을 아무런 비판 없이 받아들이는 것을 가리켜 극장의 우상이라고 하였다. 따라서 그는 과거에 나온 이론들을 권위가 있다고 해서 무조건 추종해서는 안 된다고 하였다.

—고등학교 윤리와 사상 교과서

(나)

흑인은 흑인이다. 일정한 관계 하에서만 그는 노예로
된다. 면방직 기계는 면화로 실을 뽑는 기계다. 일정한 관계
하에서만 그것은 자본으로 된다. 이러한 관계에서 떼어낸
다면 그것은 자본이 아니다. 그것은 마치 금이 그 자체로서
는 화폐가 아니며, 또 사탕이 사탕가격이 아닌 것과 마찬가
지다. … 자본은 사회적 생산관계다. 그것은 역사적 생산관
계다.

—마르크스 〈자본론〉

(다)

우리는 "나는 … 안다"의 쓰임이 얼마나 심하게 특수
화되어 있는지 제대로 보지 못하고 있다. 왜냐하면 "나는
… 안다"는 그 알려진 것이 사실임을 보증해 주는 사태를
서술해 주는 것으로 보이기 때문이다. 우리는 항상 "나는
내가 알고 있다고 믿었다"라는 표현을 망각한다.

—비트겐슈타인 〈확실성에 관하여〉

(라)

　　가장 착한 것은 물과 같다. 물은 만물을 잘 이롭게 하면서 다투지 않고 뭇사람들이 싫어하는 곳에 처한다. 그러기에 도에 가깝다. 사는 데는 땅이 좋다. 정신은 깊은 것이 좋다. 벗을 사귐에는 어진 것이 좋다. 말은 성실한 것이 좋다. 정치는 자연의 도리로써 다스리는 게 좋다. 일은 잘 할 줄 아는 게 좋다. 움직임은 때에 맞추는 게 좋다. 대저, 오직 다투지 않으니 그런 까닭에 탓할 바가 없다.

―노자 〈노자 이야기〉(장일순 역) 8장

[논제 1] 제시문 (가)에 따를 때, 제시문 (나)~(라)는 어떤 우상에 해당하는지 근거를 들어 설명하라.(300자)

[논제 2] 제시문 (가)의 긍정성과 한계를 (나)~(라)를 근거로 논술하라.(700자)

[논제 3] 제시문들을 유기적으로 연결하여, 현대 사회에서 발견할 수 있는 구체적 사례를 들어, '선입견'에 대한 자신의 견해를 논술하라.(1,000자)

〈2003 대입 고려대 논술 정시〉

다음 각 제시문에 나타난 '앎'을 개념화하여 설명하고, 현대 사회에서는 어떤 앎이 더 중요하다고 생각하는지 서로 비교하여 논술하시오.

(가)

　과학은 이 세상의 어떤 부분에 대한 믿을 만한 지식을 추구하고, 그런 지식을 이용해서 사회를 발전시키는 데에 크게 기여하였다. 과학의 핵심은 자연은 물론 자연에 대한 인간의 간섭을 주의 깊게 관찰하는 것이라고 할 수 있다. 티리언 퍼플의 색깔이 어떤 분자에서 비롯된 것이고, 어떻게 그 분자를 변형시켜서 더 밝은 자주색이나 파란색을 얻을 수 있을까를 알아내려는 노력이 바로 그런 관찰에 해당한다.

　과학자들의 세계는 모든 복잡성이 분해되어 단순화된 세계이다. 이것을 수학화라고 할 수도 있겠지만 나는 분석이라고 생각한다. 과학자는 흔히 발견이나 창조의 과정에서 자신만의 연구 세계를 명확하게 정의한다. 그 한정된 세계 안에서는 자신의 결과가 흥미롭고 놀라운 것이며, 모든 것이 분석 가능하다. 그런 세계에서는 언제나 답이 존재한다. 로열 퍼플 염료 분자의 구조를 밝힐 수도 있고, 동물원에 갇힌 팬더가 번식을 잘 하지 못하는 이유도 알아낼 수 있다.

과학자들은 하나의 관찰 또는 현상에 기여하는 요인이 여러 가지가 있을 수 있다는 점을 인정하지만, 그것이 아무리 복잡하다고 하더라도 재능 있고 잘 훈련된 과학자라면 분리해서 분석할 수 있다고 믿는다.

(나)

　섹스투스에게서는 친절을 배웠다. 또 그로 인해 부성애로 다스려지는 가정의 전형을 알게 되었다. 자연에 순응하며 사는 사상을, 거만에 물들지 않은 근엄함을, 친구의 생각을 중히 여기고 그 희망을 따르는 마음씨를 배웠다. 그리고 무식한 무리들에 대해서도 관대해야 한다는 것을 배웠다.

(다)

　子曰, 由 誨女知之乎 知之爲知之 不知爲不知 是知也.
　공자가 말하였다. "유야! 네게 안다는 것을 가르쳐주겠다. 아는 것을 안다고 하고, 알지 못하는 것을 알지 못한다고 하는 것이 곧 아는 것이다."

(라)

　로마인들은 도로에 대해 잘 알고 있었다. 즉 도로를 어떻게 닦고 어디에서 어디로 연결해야 할지 그리고 그것들을 오래 유지하는 방법을 알고 있었다. 로마 도로의 영구성은 오늘날에도 감탄을 자아내기에 충분하다. 20세기를 넘어서까지 계속해서 사용해 왔는데도 수백 마일의 로마 도로는 여전히 건재하고 있으니 말이다. 예를 들어, 로마의 남쪽에서부터 나폴리와 브린디쉬까지 갈 수 있는 아피아 가도는 오늘날에도 많은 자동차들이 달리고 있을 정도로 견고하다.

로마인들은 집요한 끈기를 가지고 도로를 건설했는데, 배수구를 만들기 위해 땅을 깊이 파고 모래와 자갈 그리고 잘게 부순 돌로 도랑을 채웠다. 그 다음에 도로의 중앙부는 돌을 잘라서 만든 벽돌로 딱 맞게 짜 맞추어 사람, 말, 마차의 바퀴가 밀리지 않도록 했다. 아직도 남아 있는 벽돌은 오랜 세월이 지났음에도 불구하고 현재에도 도로의 포장 재료로 쓸 수 있을 만큼 단단하다.

미국에서 1억부 이상 판매된 기적의 논술가이드
클리프노트가 한국에 상륙했다!!

방대한 고전을 하루만에 독파하는 스피드
다락원 명작노트 CliffsNotes™ 시리즈는

▶ 미국대학위원회, 서울대, 연·고대 추천 고전을 알기 쉽게 재구성한 대한민국 대표 논술교과서
입니다. ▶ 작품의 핵심내용과 사상, 역사적 배경, 심볼, 작가의 의도 등을 명확하게 정리하여 방대한 원
작을 쉽고 빠르게 이해할 수 있게 해줍니다. ▶ 미국에서 리포트, 논술용으로 1억 부 이상 팔린 초베스트
셀러의 명성에 비평적 사고와 논리적 글쓰기의 모델을 제시하는 〈一以貫之〉의 논술 노트를 통해 사고 능력,
읽기 능력, 쓰기 능력을 체계적으로 길러줍니다.

★ 〈一以貫之〉 논술연구모임: 대입 논술이 시작될 때부터 학원과 학교에서 논술을 가르쳐온 전문가들의 모임입
니다. 현재 서울·분당·평촌·인천·광주·부산·울산 등의 유명 학원과 고등학교의 논술강의 현장에서 학생들이
'자신의 물음'과 '자신의 생각'을 갖고 '자신의 글'을 쓸 수 있도록 도와주고 있습니다.

작가 노트 | 작가에 대해 꼭 알아야 할 배경지식이 담겨 있습니다.

작품 노트 | 작품의 개요, 전체 줄거리, 등장인물 등 작품 전반을 이해하는 데 필수적인 부분을 실어 놓았습니다.

Chapter별 정리 노트 | 각 장의 '줄거리'와 '풀어보기'가 들어 있습니다. '줄거리'에서는 원작의 내용을 명쾌하게 파악할 수 있습니다. '풀어보기'에서는 원작에 담긴 문학적 경향, 주제, 상징 등을 다루었습니다.

인물분석 노트 | 등장인물에 대한 보다 면밀한 분석이 들어 있습니다.

마무리 노트 | 작품의 주제 등 보다 넓은 시각에서 작품을 볼 수 있도록 도와줍니다.

Review | 작품 이해도를 묻는 질문 코너입니다. 다양한 질문에 답하다 보면 작품에 대한 포괄적이고 의미 있는 파악이 가능해집니다.

一以貫之 논술 노트 | 권말에는 일이관지 논술연구모임에서 작성한 해당 작품과 관련한 논술 노트가 실려 있습니다. 원작을 우리의 삶과 연계시켜 비판적 사고와 논리적 글쓰기의 방향을 제시합니다.

실전 연습문제 | 해당 작품을 바탕으로 출제 가능성이 높은 논점을 함께 숙고해 봅니다.

★ 변형 국판　★ 각권 8,500원

영어 독해력 증강 프로그램
행복한 명작 읽기

〈행복한 명작 읽기〉는 기초가 약한 영어 초급자나 초, 중, 고 학생들이 보다 즐겁고 효과적으로 명작들을 읽으며 독해력을 키울 수 있도록 개발된 **독해력 증강 프로그램**입니다.

책의 특징

1 골라 읽는 재미가 있다. 초보자를 위한 350단어 수준에서 중고급자를 위한 1,000단어 수준까지 5단계 구성.
2 단계별로 효과적인 영어 읽기 요령과 영문 고유의 참맛을 느낄 수 있는 장치가 곳곳에.
3 읽기만 해도 영어의 키가 쑥쑥 - 해석을 돕는 돼지꼬리(◠), 영어표현 및 문법 설명, 퀴즈가 왕창.
4 체계적인 듣기 학습까지. 전문 미국 성우들의 생동감 넘치는 원음을 담은 오디오 CD 제공.

✖ 왕초보 기초다지기 ✖

쉬운 영문을 통해 영어 독해에 대한 막연한 두려움을 없앤다.

Grade 1   Beginner

1 미녀와 야수
2 인어공주
3 크리스마스 이야기
4 성냥팔이 소녀 외
5 성경 이야기 1
6 신데렐라
7 정글북
8 하이디
9 아라비안 나이트
10 톰 아저씨의 오두막

350 words

Grade 2   Elementary

11 이솝 이야기
12 큰 바위 얼굴
13 빨간머리 앤
14 플랜더스의 개
15 키다리 아저씨
16 성경 이야기 2
17 피터팬
18 행복한 왕자 외
19 몬테크리스토 백작
20 별 | 마지막 수업

450 words

국판 | **Grade 1, 2, 3** 각권 **6,000원**
(오디오 CD 1개 포함)

Grade 4, 5 각권 **7,000원**
(오디오 CD 1개포함)

*어린왕자 **8,000원**
(오디오 CD 2개 포함)

고도를 기다리며 **9,000원
(오디오 CD 2개 포함)

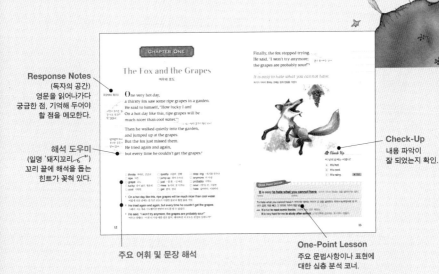

Response Notes
(독자의 공간)
영문을 읽어나가다가 궁금한 점, 기억해 두어야 할 점을 메모한다.

해석 도우미
(일명 '돼지꼬리')
꼬리 끝에 해석을 돕는 힌트가 꽂혀 있다.

Check-Up
내용 파악이 잘 되었는지 확인.

주요 어휘 및 문장 해석

One-Point Lesson
주요 문법사항이나 표현에 대한 심층 분석 코너.

+:+ 실력 굳히기 +:+

실력에 맞게 효과적으로 끊어 읽으며 직독직해 훈련을 한다.

영어의 맛
제대로 느끼기

영문판 원서 도전을 위한 전 단계의 준비과정이다.

Grade 3 Pre-intermediate

600 words

Grade 4 intermediate

800 words

Grade 5 Upper-intermediate

1000 words

패턴 따라 쉽게 쓰는 틴틴 영어일기 1, 2

❶ 일상생활 패턴정복
❷ 학교생활 패턴정복

중학교에 다니는 여학생과 남학생이 각각 일상생활과 학교생활을 중심으로 1년간의 일을 쉽고 재미있게 쓴 영어일기. 중학생이라면 누구나 한번쯤 겪어봤을 만한 일들을 바탕으로 한 다양한 일기 소재와 어휘가 제공되어 있기 때문에, 영어일기를 통해 영작을 연습하려는 학습자에게 큰 도움이 될 수 있는 교재이다. 중·고생뿐만 아니라, 중학 영어를 미리 예습하려는 예비 중학생들에게도 아주 효과적인 영어 학습서로 강추!

□ 정미선 지음 / 4·6배 변형 / 192면
□ 정가 10,000원 (오디오 CD 1개 포함)

Teen Teen Diary (전3권)

❶ 매일 10단어로 뚝딱 중학생 영어일기

중1 수준의 어휘와 문장으로, 영어일기와 일상회화에 대한 감각을 익힌다.

□ 정미선 지음 / 신국판 / 144면
□ 정가 7,500원 (테이프 1개 포함)

❷ 매일 5문장으로 술술 중학생 영어일기

중2 수준의 어휘와 문장으로, 영어일기에 친숙해지고 자신감을 쌓는다.

□ 정미선 지음 / 신국판 / 152면
□ 정가 7,500원 (테이프 1개 포함)

❸ 매일 내맘대로 쓱싹 중학생 영어일기

중3 수준의 어휘와 문장으로, 중학영어를 마스터하고 미국의 일상회화에 익숙해진다.

□ 정미선 지음 / 신국판 / 144면
□ 정가 7,500원 (테이프 1개 포함)

지니의 미국생활 영어일기 Hello! America (전2권)

❶ 가을학기 ❷ 봄학기

어느 한국 여학생의 미국생활 이야기를 일기 형식으로 담은 책. 1권은 '가을학기', 2권은 '봄학기'편으로, 총 1년간의 미국 학교생활 및 일상생활에 관한 흥미로운 이야기들이 담겨 있다. 미국 학생들의 실생활을 바탕으로 한 탄탄한 스토리로 살아 있는 현지 영어와 미국문화를 체험할 수 있을 뿐만 아니라, 영어 독해 및 영작 연습을 할 수 있는 아주 유용한 교재이다.

□ 이지현 지음 / 국배판 변형 / 152면
□ 정가 8,500원